Wahlen und Wahlsysteme

Oliver W. Lembcke

D1617815

Titelbild: Bundestagswahl 2009 in Erfurt, Foto: LZT

Oliver W. Lembcke vertritt zurzeit die Professur für Politische Theorie und Ideengeschichte an der Universität Leipzig.

Dieser Band der Landeszentrale ist entstanden unter Mitwirkung von Martin Wieczorek, M.A., der als Lehrbeauftragter am Institut für Politikwissenschaft der Friedrich-Schiller-Universität Jena tätig ist.

Landeszentrale für politische Bildung Thüringen
Regierungsstraße 73, 99084 Erfurt
www.lzt-thueringen.de
2. überarbeitete Auflage 2013

ISBN: 978-3-943588-24-8

Inhaltsverzeichnis

Einleitung

Wahlen finden überall statt. Sie beschränken sich nicht allein auf die Politik, sondern sind in nahezu allen Bereichen der Gesellschaft anzutreffen, gleichviel, ob es sich um Sport, Gesang oder Wirtschaftsinteressen dreht. Was macht ihre Bedeutung aus? Wahlen sind Abstimmungen über Personen, die zur Wahl stehen; sie sind mithin ein Instrument der Auswahl. Sie ermöglichen eine Entscheidung, indem sie zu einem bestimmten Zeitpunkt des Auswahlverfahrens die Mehrheit darüber entscheiden lassen, wer gewinnt und wer verliert. Sowohl der Zeitpunkt der Entscheidung als auch die Entscheidung selbst erscheinen oftmals – und vor allem der unterlegenen Minderheit – als willkürlich und unbegründet. Wer ist in einem solchen Fall nicht geneigt, die Worte Friedrich Schillers zu zitieren, die der deutsche Dichterfürst in seinem unvollendeten Drama „Demetrius" dem Fürsten Sapieha in den Mund legt: „Man soll die Stimmen wägen und nicht zählen; // Der Staat muß untergehn, früh oder spät, // Wo Mehrheit siegt und Unverstand entscheidet."

Die Geschichte bietet jedoch wenig Belege für die Auffassung von Sapieha. Sicher: Ein Volk kann sich irren und einem „falschen" Führer hinterherlaufen; Mehrheiten müssen nicht immer selbst demokratischer Gesinnung sein; gelegentlich haben sie gar die Abschaffung der Demokratie im Sinn; und immer wieder gibt es Beispiele für Parteien, die Wahlen dazu benutzen, für ihre undemokratischen Ziele zu werben. Aber einen Zusammenhang zwischen demokratischen Mehrheitsentscheidungen und politischer Instabilität gibt es nicht. Im internationalen Vergleich der Staaten ist eher das Gegenteil richtig: Wahlen sind, wenn nicht Ursache, so doch Ausdruck stabiler Verhältnisse. Und diese Stabilität hat nichts von einer verordneten „Friedhofsruhe"; sie ist typischerweise das Produkt einer grundsätzlichen Übereinstimmung der Bürger mit „ihrer" politischen Ordnung, in der sich Entscheidungsträger in regelmäßigen Abständen für ihre Politik rechtfertigen müssen. Anders gesagt: Wahlen legitimieren und limitieren politische Macht. Die Überzeugungskraft dieser Idee ist trotz Wahlmüdigkeit mancherorts keineswegs verflogen. Vielmehr lassen sich auf unterschiedlichen Ebenen Expansionen des Wahlrechts beobachten:

- Auf internationaler Ebene sind vor allem die Ereignisse des sogenannten Arabischen Frühlings („Arabellion") zu nennen – gemeint sind die revolutionären Aufstände im Nahen Osten und in Nordafrika, beginnend mit Tunesien Ende 2010. Sie zeigen, wie eng die neu- oder wiedergewonnene Freiheit mit dem Streben nach allgemeinen, gleichen und freien Wahlen verbunden ist.

- Auf europäischer Ebene bahnen sich gleichfalls Veränderungen an: So gewinnt die Idee einer Direktwahl des Präsidenten der EU-Kommission an Gewicht. Pläne dieser Art existieren seit längerer Zeit. Nun aber setzt sich die Kommission selbst für die Reform ihrer politischen Führungsstruktur ein. Sie hätte zur Folge, dass Europawahlen auch eine grundlegende machtpolitische Bedeutung hätten – was sie aus dem Schatten nationaler Wahlen heraustreten ließe.

- Parallel dazu wird es in absehbarer Zeit nötig sein, die Sitzverteilung im EU-Parlament zu ändern, um im Jahr 2014 auf diese Weise „Platz zu machen" für die zwölf kroatischen Abgeordneten, die nach dem Beitritt ihres Landes hinzukommen werden. Die Zahl an Parlamentariern ist durch den Lissabon-Vertrag auf 751 festgeschrieben; sie liegt derzeit bei 766, weshalb insgesamt 15 Sitze von anderen Staaten abgegeben werden müssen.

- Auch auf nationaler Ebene setzt sich die Ausweitung des Wahlrechts fort: Brandenburg (seit 2012) sowie Bremen und Hamburg (seit 2013) stehen an der Spitze der Bewegung, die Altersgrenze für das aktive Wahlrecht bei den jeweiligen Landtagswahlen von 18 auf 16 Jahre abzusenken. Darüber hinaus hat erst jüngst der Bundesrat beschlossen, dass die Verbesserung des Wahlrechts behinderter Menschen durch ein Bündel von Maßnahmen angestrebt werden solle (BR-Drs. 49/13).

- Auf regionaler Ebene schließlich wird in Thüringen seit Anfang 2012 über die Einführung eines Regionalwahlrechts für EU-Bürger diskutiert. Die Initiative, ausgegangen vom Justizminister, soll als Teil einer „Willkommenskultur" gegenüber Menschen verstanden werden, die dauerhaft außerhalb ihrer Heimatregionen in der EU leben und am politischen und gesellschaftlichen Leben in Thüringen partizipieren wollen.

Diese kurze Aufzählung bietet eine kleine Übersicht über die demokratische Expansion des Wahlrechts. Sie veranschaulicht überdies die vielfältigen Kontexte, in denen Wahlen stattfinden – und in denen über ganz unterschiedliche Elemente des Wahlrechts gestritten wird. Denn gerade weil Wahlen zur Legitimation und Limitation politischer Macht dienen, ist ihre Ausgestaltung umstritten. Die oben angesprochene Veränderung der Sitzverteilung im Europaparlament kann dafür ebenso als ein Beispiel dienen wie etwa die 5%-Hürde der EU-Wahl in Deutschland, die vom Bundesverfassungsgericht in einer Entscheidung aus dem Jahr 2011 für verfassungswidrig erklärt worden war. Das deutsche Verfassungsgericht hat auch mit einer Entscheidung aus dem Jahr 2008 die Vorlage geliefert für eine weitere Runde in der langen Auseinandersetzung über das sogenannte personalisierte Verhältniswahlrecht. Das Ringen der Parteien über die Beseitigung der vom Gericht gerügten Mängel – Stichwort: „negatives Stimmgewicht" – ist in diesem Jahr zu einem vorläufigen Abschluss gekommen (siehe dazu den Abschnitt über das bundesdeutsche Wahlsystem). Es wird nicht die letzte Rüge und nicht der letzte Kompromiss gewesen sein.

Wahlen in der Demokratie

Wahlen nehmen in der Moderne einen besonderen Platz ein. Im Zuge der Aufklärung ist das Recht an die Stelle des Vorrechts getreten: Die Auswahl vollzieht sich auf dem Boden der Rechtsgleichheit aller Bürger. Soziale Unterschiede mögen den einen Kandidaten privilegieren, den anderen hingegen benachteiligen, aber weder Herkunft noch Stand können die Wahl ersetzen, weil sie in modernen Gesellschaften keine „natürlichen" Ansprüche mehr begründen. Die Eignung eines Kandidaten muss sich im Wettbewerb herausstellen. Dieser enge Zusammenhang zwischen Zahlen und Wahlen, mit dem sich der Erfolg „messen" lässt, ist für Demokratien von besonderer Bedeutung. Soll die politische Selbstbestimmung eines Volkes gelingen, hängt viel vom funktionierenden Wechselspiel zwischen Mehrheit und Minderheit ab – und damit von der Frage, ob und in welcher Weise politische Macht durch Wahlen auf friedliche Weise verteilt wird, nachdem zuvor im Wahlkampf – mitunter erbittert – um jede Stimme gekämpft worden ist.

Demokratie als politische Selbstbestimmung

Einer jener Aufklärer der Neuzeit war Jean-Jacques Rousseau (1712-1778). Er bringt in seiner berühmt gewordenen Schrift über den Gesellschaftsvertrag (1762) die Herausforderung für moderne Gesellschaften auf den Punkt: Die politische Ordnung soll nicht mehr länger als etwas „Natürliches" verstanden werden, das keiner weiteren Begründung bedarf – wie etwa die Herrschaft des adeligen Großgrundbesitzers über „seinen Knecht". Eine dem Menschen angemessene politische Ordnung muss vielmehr geschaffen werden, und zwar nach Prinzipien, die nicht im Gegensatz, sondern im Einklang mit der Freiheit aller Menschen stehen. In dieser Einsicht dauert das Erbe der Aufklärung bis heute fort. Sie hat ihren Niederschlag in den modernen Verfassungen der einzelnen demokratischen Staaten gefunden, die den Anspruch erheben, Ausdruck politischer Selbstbestimmung der Bürger zu sein. Demokratische Wahlen sollen dazu maßgeblich beitragen. Wie hat man sich diesen Zusammenhang vorzustellen?

Indem das Volk selbst über seine politische Ordnung bestimmt, tritt es als Souverän auf. Der Gedanke der Volkssouveränität ist mittlerweile fester Bestandteil einer jeden modernen demokratischen Verfassung; er findet sich beispielsweise ausdrücklich im deutschen Grundgesetz (GG) in Artikel 20 Absatz 2 Satz 1. Dort heißt es: „Alle Staatsgewalt geht vom Volke aus." Der Volksmund gibt diesem Grundsatz eine ironische Wendung, wenn er hinzufügt: „... und kehrt nicht mehr zum Volk zurück." Tatsächlich stellt sich die Frage, was eigentlich von der Volkssouveränität bleibt, wenn sie sich auf „Wahlen und Abstimmungen" beschränkt, wie der Satz 2 von Artikel 20 Absatz 2 GG präzisiert, und ansonsten „durch besondere Organe der Gesetzgebung, der vollziehenden Gewalt und der Rechtsprechung ausgeübt" wird. Deutlich wird zunächst, dass Wahlen in einem Spannungsfeld zwischen der Souveränität des Volkes einerseits und der Repräsentation durch die Vertreter des Volkes andererseits stehen. Lassen sich Volkssouveränität und Repräsentation zusammendenken?

Für Rousseau ist eine solche Verbindung von Volkssouveränität und Repräsentation inakzeptabel. Souveränität ist für ihn unveräußerlich und unteilbar; sie muss daher beim Volk bleiben. Wahlen zur Machtverteilung, wie sie zu seiner Zeit bereits bei den Engländern üblich waren, bedeuteten für ihn einen Verstoß gegen den Grundsatz der Volkssouveränität: „Das englische Volk glaubt frei zu sein. Es täuscht sich sehr. Es ist nur während der Wahl der Parlamentsmitglieder frei. Sobald sie gewählt sind, ist es Sklave: es ist nichts" (Vom Gesellschaftsvertrag, 3. Buch, 15. Kapitel). Dieser Vorwurf ist nicht leicht zu nehmen, besagt er doch im Grunde nichts anderes, als dass die Wahl ein Mittel der „Täuschung" ist: Dem Volk werde Freiheit nur vorgegaukelt. Tatsächlich aber seien allein die Gewählten frei, ihre Interessen durchzusetzen. Durch diese Argumente ist Rousseau zum Vater direkter Formen der Demokratie geworden: In direkten Demokratien verbleibt die Herrschaft angeblich in den Händen des souveränen Volkes, das der Regierung ihre Aufgaben verbindlich vorgibt. Der einzelne Bürger, verstanden als Aktivbürger, hat unmittelbar an der Willensbildung der Gesamtheit teil, schuldet ihr als Privatmann jedoch – gerade weil er selbst an der Gesetzgebung beteiligt ist – Anerkennung. Der zentrale Gedanke besteht hier in dem freiwilligen bürgerlichen Selbstgehorsam, der die Spannung zwischen Regierenden und Regierten aufheben soll.

In reiner Form sind direkte Demokratien selten anzutreffen, und zwar vor allem aus drei Gründen:

- Erstens sind die Entscheidungskosten hoch, wenn stets die Gesamtheit der Bürgerschaft verbindliche Entscheidungen treffen soll. Die Willensbildung ist oftmals langwierig und kompliziert; und die organisatorischen Anforderungen wachsen mit der Zahl an Beteiligten und der Größe des Territoriums.
- Zweitens resultiert der Mehrheitswille „ungefiltert" aus den Einzelinteressen, die in der Regel auf ihr eigenes Wohl und weniger auf das Wohl der Allgemeinheit bedacht sind. Zur Bündelung der verschiedenen Interessen sind Organisationen und Institutionen erforderlich. Sie reichern den Prozess der Willensbildung durch weitere Elemente an: arbeitsteilige Verfahren, wechselseitiger Informationsaustausch und formale wie inhaltliche Begründungsanforderungen. Eine solche Entfaltung und Vermittlung der verschiedenen Momente des Willensbildungsprozesses widerspricht der direkten Demokratie, nämlich der Identität zwischen Regierenden und Regierten.
- Aus dieser Identität erwächst auch das dritte Problem einer solchen unmittelbaren Demokratie, das in der Verantwortung für getroffene Entscheidungen liegt. Wer haftet für Irrtümer und Fehlentscheidungen? Gegen wen richtet sich der Unmut im Falle politischer Inkompetenz? Wo findet die Minderheit Gehör, wenn der Mehrheitswille zu ihren Lasten geht? Wenn das Volk zusammenkommt, um über seine Geschicke selbst und direkt zu entscheiden, dann muss es auch selbst die Verantwortung für die Folgen seiner Entscheidungen übernehmen. Verantwortung setzt jedoch Zurechnung als auch institutionelle Verfahren voraus, damit sie nicht nur ein leeres Wort bleibt.

Aus diesen drei Gründen geht es in der Diskussion um die richtige Ausgestaltung der Demokratie, selten um die Alternative direkte oder repräsentative Demokratie. Die Frage lautet vielmehr, inwieweit direktdemokratische Elemente die repräsentative Form der Demokratie ergänzen können (siehe hierzu auch das Abschlusskapitel).

Die repräsentative Demokratie nimmt daher den Gedanken der Volkssouveränität auf, nicht jedoch den der Identität von Regierenden und Regierten. Volkssouveränität bedeutet hier eine durch Wahlen legitimierte Herrschafts- bzw. Regierungsform mit verfassungsmäßig geregelter periodischer Zustimmung des Volkes. Die Bürger wählen das Personal aus, entscheiden aber nicht selbst über Sachfragen, sondern überlassen diese Fragen den gewählten Repräsentanten, deren Aufgabe darin besteht, verbindliche Entscheidungen nach bestem Wissen und Gewissen zu treffen. In einer repräsentativen Demokratie stehen sich somit Regierende und Regierte nicht beziehungslos gegenüber; auf das Volk muss sich jede politische Entscheidung zurückführen lassen. Daran ist das Handeln der Repräsentanten zu messen, will es den Anspruch erheben, legitim, d.h. gerechtfertigt und dadurch vernünftig zu sein. Das „Messen" geschieht in repräsentativen Demokratien durch Wahlen.

Voraussetzungen und Funktionen der Wahl

Im Unterschied zu Diktaturen ist die Wahl nicht ein einfaches Instrument zur Bestätigung der politischen Elite – typischerweise mit Wahlergebnissen von über 90 Prozent für die Führungsriege –, sondern ein Instrument der Rekrutierung des politischen Personals, d.h. der Auswahl von verschiedenen Kandidaten unterschiedlicher Parteien. Mit dieser grundlegenden Funktion verbinden sich drei Voraussetzungen, die für die Legitimität einer repräsentativen Demokratie von entscheidender Bedeutung sind:

- Wahlen setzen geordnete Verfahren voraus. Dabei sind einige Grundsätze und Standards zu beachten, die verhindern sollen, dass Wahlen unfair sind. In modernen Gesellschaften werden diese Grundsätze und Standards rechtlich geregelt, damit für alle dieselben Regeln gelten. Wahlen in einer repräsentativen Demokratie sind daher auf einen funktionierenden *Rechtsstaat* angewiesen. Nur auf dieser Grundlage können die Bürger auch auf die Richtigkeit der Wahlergebnisse vertrauen.
- Darüber hinaus ist die Akzeptanz von Wahlen abhängig von einem *Minimum an gemeinsamen Grundüberzeugungen* in der Gesellschaft. Die Bürger müssen bei allen Differenzen darauf vertrauen dürfen, dass die Mehrheit ihre Interessen nicht rücksichtslos gegenüber der Minderheit durchsetzt. Für eine funktionierende Demokratie, die auf Wahlen beruht, ist es daher

entscheidend, dass es eine reale Chance auf Machtwechsel gibt – und die Minderheit von heute die Mehrheit von morgen werden kann.

- Wahlen sind – wie auch Abstimmungen – Ausdruck des Mehrheitsprinzips. Um die Gefahr einer Tyrannei der Mehrheit zu verhindern, sind in modernen Verfassungen überdies Maßnahmen zum *Minderheitenschutz* anzutreffen. Dazu zählen in erster Linie Grund- und Menschenrechte, die vor einem (Verfassungs-) Gericht einklagbar sind, sowie eine (föderative) Gliederung des Nationalstaates, die den Regionen Freiräume zur Selbstbestimmung belässt.

Unter den genannten Voraussetzungen kommen Wahlen zentrale Funktionen im demokratischen Prozess zu:

(1) Sie legitimieren die Mandatsträger im Parlament und die Amtsinhaber in den Ministerien, politische Macht auszuüben. Jeder, der öffentliche Aufgaben übernimmt und staatliche Kompetenzen ausübt, muss dafür eigens ermächtigt worden sein. Diese Ermächtigung muss sich auf einen demokratischen Wahlakt zurückführen lassen. Dieser Zusammenhang lässt sich als *demokratische Legitimationskette* (Ernst-Wolfgang Böckenförde) bezeichnen. Um ein Beispiel zu geben, das sich an den Vorgaben des Grundgesetzes orientiert: Das Volk wählt seine Volksvertreter im Parlament; das Parlament wählt den Bundeskanzler; auf Vorschlag des Bundeskanzlers werden die Fachminister ernannt und entlassen; die Fachminister tragen die politische Verantwortung für ihren Geschäftsbereich gegenüber dem Bundeskanzler und treffen die Personalentscheidungen für die Bundesministerien; die Bundesministerien üben die Rechtsaufsicht aus gegenüber dem Verwaltungsunterbau; die Verwaltung erlässt die Hoheitsakte, denen die Bürger unterworfen sind.

(2) Im Rechtsstaat ist die politische Macht an Recht und Gesetz gebunden (Art. 20 Abs. 3 GG). Demokratisch zugewiesene Macht ist überdies zeitlich begrenzt. Wahlen dienen daher nicht nur der *Machtverteilung*, sondern auch der *Machtbegrenzung*; das betrifft insbesondere die Mandatsträger als auch die politischen Spitzenämter, die sich zur Wahl – Neuwahl oder Wiederwahl – stellen müssen.

(3) Die zeitliche Begrenzung politischer Macht erfordert von jenen Politikern, die wiedergewählt werden wollen, auf die Interessen „ihrer" Wählerschaft zu achten und deren Anliegen zu ihren eigenen zu machen.

(4) In einer funktionierenden Demokratie dienen Wahlen schließlich auch dem Wechselspiel von Mehrheit und Minderheit. Sie schaffen damit die Voraussetzung für einen *pluralistischen Austausch* von unterschiedlichen Interessenlagen und fördern den Wettbewerb um die besseren politischen Konzepte.

Die Ausprägung der einzelnen Funktionen unterscheidet sich mitunter erheblich. Idealtypisch lassen sich zwei Modelle repräsentativer Demokratien unterscheiden: In der Konkurrenzdemokratie (z.B. Großbritannien) dienen die Wahlen vor allem der Machtverteilung auf Zeit und dem Wechselspiel von Mehrheit und Minderheit. In der Konsensdemokratie (z.B. Schweiz) wiegen hingegen jene Funktionen schwerer, mit denen politische Macht legitimiert und limitiert wird.

Wahlkampf und Wahlkampffinanzierung

„Der Wahlkampf ist für die Politik, was Weihnachten für die Religion ist" (Erwin K. Scheuch). Es geht um die „Botschaft", die gedrängt, aber dafür umso intensiver zu vermitteln ist. Im Falle demokratischer Wahlen kommt es für die Parteien vor allem darauf an, für ihr Programm und ihre Kandidaten zu werben. Zu diesem Zweck suchen sie einen möglichst direkten Zugang zum Wähler, um sich selbst in einem guten Licht zu präsentieren und sich von den anderen Parteien abzugrenzen. Eine Wahlkampfstrategie ist dann erfolgreich, wenn es gelingt, die eigenen Stammwähler zu mobilisieren und potentielle Wechselwähler auf die eigene Seite zu ziehen. Zu diesem Zweck versuchen die Parteien, die Wähler auf unterschiedlichen Ebenen anzusprechen. Vereinfacht gesagt, die eigenen Anhänger – die Stammwähler – sind auf einer emotionalen Ebene anzusprechen; hier gilt es vor allem, die Parteibindung zu betonen oder gegebenenfalls zu stärken. Die unschlüssigen Wechselwähler müssen hingegen vor allem durch Argumente und Vorzüge im Wettbewerb der Ideen und der Kandidaten überzeugt werden.

Moderne Wahlkämpfe beschränken sich nicht mehr auf wenige, traditionelle Instrumente wie Ansprachen und Plakate, sondern nutzen das ganze Spektrum moderner Werbemöglichkeiten. Aus diesem Grund genügen die Kapazitäten der Bundesgeschäftsstellen in der Regel nicht mehr. Wahlkämpfe werden heutzutage von besonderen Planungsgruppen als Kampagnen geplant und durchgeführt. Diese Planungsgruppen bestehen nicht nur aus Politikern, sondern auch aus Wissenschaftlern, Meinungsforschern sowie Werbe- und Kommunikationsspezialisten. Sie bilden ein Wahlkampfteam, das sich der unterschiedlichen Instrumente einer modernen Wahlkampagne bedient.

Klassische Wahlkampfinstrumente sind Plakate, Anzeigen in Zeitungen, Zeitschriften und Anzeigenblättern, Flyer oder Handzettel, Ortsteilzeitungen etc. Sichtbarstes Element ist ohne Frage das Wahlplakat, das in Wahlkampfzeiten das Stadtbild prägt. Zu unterscheiden sind hier Themenplakate, die bestimmte inhaltliche Botschaften der Parteien transportieren oder bestimmte Stimmungen wecken sollen, und Personenplakate, die vor allem mit dem Gesicht eines Spitzenpolitikers werben oder den lokalen Kandidaten einer Partei bekannt machen wollen. In der Positionierung der Wahlplakate beschränken sich die Parteien nicht auf kleinere Plakate an Laternenmästen, sondern nutzen alle Formate von Großaufstellern am Straßenrand bis hin zur Verkleidung ganzer Gebäude mit der jeweiligen Botschaft oder dem Konterfei des Spitzenpersonals.

Der *Straßenwahlkampf* besitzt im Internet- und Medienzeitalter zwar nicht mehr die Bedeutung, die er noch in früheren Jahren besaß, doch ist seine Bedeutung nach wie vor nicht zu unterschätzen. Mit Großkundgebungen prominenter Politiker oder Sonderaktionen (Kneipenrundgängen, Verteilen von Obst zum Schulanfang etc.) können Parteien größere Gruppen ansprechen und insbesondere ihre eigene Stammwählerschaft mobilisieren. In den Reden auf den Marktplätzen in ganz Deutschland geht es daher auch nur selten darum, etwaige Wechselwähler oder Unschlüssige zu überzeugen. Diese Veranstaltungen dienen vielmehr dazu, die eigenen Anhänger und insbesondere auch die aktiven Mitglieder zu motivieren. Der klassische Wahlkampfstand bietet schließlich die Möglichkeit, „Gesicht" zu zeigen und den Wählern die Chance zu geben, ins direkte Gespräch mit „ihren" Politikern zu kommen.

Fernsehen und Radio ermöglichen den Parteien ein doppeltes Medium: Zum einen strahlen sie die Wahlwerbespots der Parteien aus, zum anderen berichten sie aber auch permanent über den Wahlkampf und machen auf diese Weise andere Elemente des Wahlkampfes größeren Wählerschichten zugänglich. Sondersendungen wie Interviews, Diskussionen der Spitzenpolitiker oder in jüngeren Jahren auch das Kanzlerduell geben einzelnen Politikern die Möglichkeit, ihre Ideen und Ziele direkt einer breiten Öffentlichkeit zu präsentieren.

Der *Internetwahlkampf* ist ein noch recht junges Element in deutschen Wahlkämpfen. Aufbauend auf den Erfahrungen amerikanischer Wahlkampfmanager setzen auch die deutschen Parteien zunehmend auf die Möglichkeiten des Webs 2.0. Hierzu zählen Internetblogs, die es erlauben, zeitnah und eigenständig ohne den Filter der Medien über Ereignisse berichten zu können, oder soziale Netzwerke, die hauptsächlich dazu genutzt werden, um mit jüngeren Wählern ins Gespräch zu kommen. Derzeit dient das Internet den Parteien noch hauptsächlich dazu, den Eindruck zu vermeiden, als altmodisch zu gelten. Der Stellenwert des Internet wird aber im Laufe der nächsten Zeit ohne Zweifel steigen.

Welche Mittel in einer Wahlkampagne eingesetzt werden, ist vor allem eine Frage des Geldes, d.h. der Mittel zur *Finanzierung* des Wahlkampfes. Eine gefüllte „Kriegskasse" ist kein Garant des Erfolges, oftmals aber eine wesentliche Voraussetzung dafür. Parteien erhalten in Deutschland staatliche Gelder u.a. für die Finanzierung ihrer Wahlkämpfe. Die konkreten Beträge richten sich nach der Höhe des erreichten Stimmenanteils: Pro erhaltener Zweitstimme bei der letzten Bundestagswahl erhielten die Parteien jährlich 0,70 Euro, für die ersten vier Millionen Stimmen je 0,85 Euro. Ein Stimmenverlust drückt sich folglich nicht nur in einem Verlust an Parlamentsmandaten aus, sondern auch in den Finanzen, die der Partei zur Verfügung stehen. Die Wahlkampfkostenerstattung ist nur ein Teil der staatlichen Parteienfinanzierung – wenn auch ein wesentlicher. Weitere Elemente sind Zuschüsse zu Mitgliedsbeiträgen und Spenden bis zu einer bestimmten Höhe. Die Mittel der Parteienfinanzierung lassen sich als „Kosten der Demokratie" begreifen: Sie sind notwendig für ein plurales und funktionsfähiges Parteiensystem, dessen Grundvoraussetzung darin besteht, dass die Parteien nicht einseitig von bestimmten finanzstarken Interessengruppen abhängig sind. Aus diesem Grund ist die Parteienfinanzierung stets gekoppelt an strenge Regelungen zur Offenlegung und Bilanzierung der Finanzen und Spenden der Parteien.

Für eine gelungene Wahlkampagne ist vor allem der richtige Mix der unterschiedlichen Instrumente entscheidend. Immer wieder stehen die Parteien dabei vor der Aufgabe, flexibel auf die neuen sozialen Herausforderungen in der Kommunikation mit der Wählerschaft zu reagieren.

- Seit geraumer Zeit ist eine stärkere *Personalisierung* der Wahlkämpfe erkennbar. Dies bedeutet nicht, dass in früheren Zeiten Parteien nicht mit ihren Spitzenkandidaten warben. Man denke nur an die frühen Wahlkämpfe der Kanzler Adenauer, Erhardt oder Brandt; auch die Auseinandersetzung zwischen Schmidt (SPD) und Strauß (CSU) im Wahlkampf von 1980 ist in besonderem Maße unter dem Motto „Auf den Kanzler kommt es an!" geführt worden. Während früher jedoch Persönlichkeiten als Verkörperung von Programmen wahrgenommen wurden, treten die inhaltlichen Bezüge in den Hintergrund. Spitzenpolitiker werden vor allem als „Typen" präsentiert, deren Charakter und Auftreten in den Vordergrund rücken. Zu dieser Entwicklung hat das Fernsehen beigetragen.

- In direktem Zusammenhang mit der Personalisierung steht die *Amerikanisierung* des Wahlkampfes. Hierunter wird ein Funktionswandel des Wahlkampfes verstanden (und beklagt): Wahlkampf dient nicht mehr dem inhaltlichen Schlagabtausch und der Diskussion, sondern der Show und Selbstinszenierung von Politik. Stichwortartig: Ansprachen auf Marktplätzen werden zu Events, die klassischen Delegiertenversammlungen mit Tages- und Geschäftsordnung zu Happenings, über die Kür entscheidet das Charisma und nicht die Überzeugungskraft.

- Eine weitere Entwicklung ist die *Entpolitisierung* des Wahlkampfes. Ein Grund für programmatische Zurückhaltung und den Verzicht auf zu große Wahlversprechen kann mit Erfahrungen der jüngeren Vergangenheit erklärt werden. Die Parteien sehen sich mit dem Vorwurf der Lüge im Wahlkampf konfrontiert. Das führt zu einer vorsichtigeren Wahlkampfführung, die auf zu konkrete Festlegungen verzichtet.

Geschichte des Wahlrechts

Wahlrechtsgrundsätze

Der Grundsatz „One man, one vote" hat die Entwicklung des Wahlrechts maßgeblich bestimmt. Im deutschsprachigen Raum hat er seinen Niederschlag in den Prinzipien der „allgemeinen" und „gleichen" Wahl gefunden. Diese beiden Prinzipien bilden zusammen mit der „freien", „direkten" und „geheimen" Wahl die sogenannten Wahlrechtsgrundsätze. Ihnen muss eine Wahl nach allgemeiner Rechtsauffassung entsprechen, sofern sie als eine wirklich demokratische Wahl gelten will. Die Wahlrechtsgrundsätze bilden einen kritischen Maßstab gegenüber der Durchführung von Wahlen und den jeweiligen Wahlergebnissen. Sie gehören beispielsweise zur Grundausstattung für Wahlbeobachter – etwa der Europäischen Union oder der Organisation for Economic Co-operation and Development (OECD) –, deren Aufgabe es ist, die Öffentlichkeit innerhalb und außerhalb des Landes, in dem die Wahlen abgehalten werden, über den demokratischen Charakter des Wahlprozesses zu informieren.

Historisch betrachtet sind die einzelnen Wahlrechtsgrundsätze in den westlichen Industriestaaten im Zuge der Ausweitung des Wahlrechts verwirklicht worden, und zwar ungefähr im Zeitraum der letzten hundert Jahre. Sie bedeuten im Einzelnen, dass die Wähler ohne Zwang (frei), ohne Ausschluss bestimmter Gruppen (allgemein), mit gleichem Zählwert der Stimme (gleich), allein und ohne staatlicher Beeinflussung ausgesetzt zu sein (geheim), ihre Stimme selbst und mit direktem Einfluss auf das Wahlergebnis (unmittelbar) abgeben.

- Wahlen sind dann *allgemein*, wenn sie allen mündigen Bürgern ein Stimmrecht einräumen. Erst unter dieser Voraussetzung kann von einem tatsächlichen „Willen" des Volkes gesprochen werden. Einschränkungen des allgemeinen Wahlrechts haben hingegen zur Folge, dass das Wahlergebnis nur den Willen einer bestimmten privilegierten Gruppe widerspiegelt.
- Das allgemeine Wahlrecht wird nicht nur durch den Ausschluss von Bevölkerungsgruppen eingeschränkt, sondern auch durch eine ungleiche Behandlung der Stimmen. Wenn Stimmen nicht den gleichen Zählwert besitzen, sondern die eine Stimme dop-

pelt so viel zählt wie eine andere, ist dies eine Verletzung des Grundsatzes der *gleichen* Wahl. Ein Beispiel aus der Geschichte ist das Dreiklassenwahlrecht in Preußen, bei dem das Stimmengewicht nach Steuerklassen unterschieden wurde.

- Dort, wo Wahlen nicht *frei* sind, wo also der Wähler nicht zwischen wirklichen Alternativen entscheiden kann, verlieren Wahlen ihren Sinn. Es sind Wahlen ohne die reale Chance auf Machtwechsel.
- Sind Wahlen nicht *geheim*, setzt der einzelne Wähler mitunter sein Kreuz an einer anderen Stelle als er es unbeobachtet tun würde. In der DDR etwa verzichtete so mancher Wähler darauf, Kandidaten vom Wahlzettel zu streichen oder zu diesem Zweck die Wahlkabine zu nutzen (von der so gut wie niemand Gebrauch machte), um späteren möglichen Repressalien aus dem Weg zu gehen.
- *Direkte* Wahlen (nicht zu verwechseln mit Formen der Abstimmung als Bestandteil der sogenannten „direkten Demokratie") machen den Wahlprozess durchschaubar. Wird der Kandidat direkt vom Wähler gewählt, ist sichergestellt, dass auch tatsächlich der Wählerwille den Ausschlag bei der Wahl gibt.

Auch in etablierten Demokratien gibt es mitunter Abweichungen von den Grundsätzen, ohne dass sie dadurch von vornherein als „undemokratisch" gelten müssten. Ein Beispiel ist die indirekte Wahl des Präsidenten der USA durch das amerikanische Volk: Bei den Präsidentschaftswahlen werden in den einzelnen Bundesstaaten der Vereinigten Staaten Wahlmänner gewählt, die ihrerseits in einem Wahlgremium zusammentreten, dem *electoral college*, das dann den Präsidenten wählt. Formal betrachtet ist das amerikanische Volk also nur mittelbar an der Wahl des Präsidenten beteiligt. Das war auch von den Verfassungsvätern so gewollt, weil man in den Vereinigten Staaten vor gut zweihundert Jahren noch ein beträchtliches Maß an Misstrauen gegenüber dem einfachen Volk und seinem Ratschluss hegte. Eine so verantwortungsvolle Aufgabe wie die Wahl des Präsidenten sah man daher besser in den Händen von dafür „ausgewählten" Männern (heute auch Frauen) aufgehoben.

Entwicklung der allgemeinen und gleichen Wahl

Wie das Beispiel USA zeigt, vollzieht sich die Entwicklung des Wahlrechts nicht geradlinig. Die Durchsetzung ist in der Regel mit einem politischen Kampf um Teilhabe verbunden und basiert letztlich auf einem Konsens darüber, wem das Wahlrecht zuzugestehen ist und wem nicht. Diese Frage ist die Schlüsselfrage jeder Demokratie – und sie ist die Frage nach dem allgemeinen und gleichen Wahlrecht. Die Entwicklung der allgemeinen und gleichen Wahlen hat sich in den verschiedenen demokratischen Staaten sehr unterschiedlich vollzogen. Aus der europäischen und amerikanischen Geschichte lassen sich jedoch einige Prozesse und Ereignisse hervorheben, die für die Herausbildung des allgemeinen und gleichen Wahlrechts eine besondere Rolle gespielt haben.

Am Ende des 18. Jahrhunderts geriet die alte Ständeordnung zunehmend unter Druck. Das Eigentum an Grund und Boden bestimmte nach wie vor die hierarchische Gesellschaftsordnung, verbürgte Freiheit und privilegierte die Stellung der Geistlichkeit und des Adels. Sie bildeten zusammen die Stütze einer absolutistischen Herrschaft, in dem der König die politische Einheit des Staates darstellte. Aber diese Einheit war ebenso wie die Mechanismen der Repräsentation brüchig geworden: Die wirtschaftliche Grundlage der Gesellschaft wurde zunehmend vom Dritten Stand, dem Bürgertum, geschaffen, der durch seine Arbeit, seine Produktionen und Investitionen maßgeblich für den Wohlstand der Nation sorgte. Seine Vertreter drängten auf Freiheit und Gleichheit als Prinzipien einer neuen Gesellschaftsordnung und auf politische Teilhabe, damit die Bürger über die wesentlichen Fragen des Zusammenlebens selbst entscheiden könnten. Diese Forderungen sind in den beiden Freiheitsrevolutionen in Frankreich und in den Vereinigten Staaten beispielhaft durchgesetzt worden.

Die einsetzende Industrialisierung, die Mitte des 18. Jahrhunderts von England aus auf Kontinentaleuropa übergriff, sollte sich ebenfalls als ein Prozess erweisen, der nicht nur die ökonomischen Verhältnisse nachhaltig umgestaltete, sondern auch die sozialen Lebensverhältnisse und die politische Struktur von Staat und Gesellschaft insgesamt. Dieser Prozess stärkte die ökonomische Kraft des Bürgertums; er beförderte aber auch das bürgerliche Selbstbewusstsein, nach politischem Einfluss zu streben. Die Schattenseite der Industriellen Revolution war die Situation der

Arbeiterschaft. Ihre Lage (Massenarmut, Verelendung, Ausbeutung usw.) weitete sich ab Mitte des 19. Jahrhunderts zur „sozialen Frage" in Europa aus, ein Problem, das erst nach der Organisation der Arbeiterschaft in Massenbewegungen und politischen Parteien schrittweise durch Reformen eine Lösung erfuhr.

Diese Entwicklung spiegelte sich auch in der Ausweitung des allgemeinen Wahlrechtes wider. So dehnte sich dieses Recht zunächst auf die „Selbständigen", schließlich auf alle männlichen Bürger und später auf Frauen aus. Im Zuge dieses Prozesses wurde auch die Gleichheit der Wahl zunehmend zum Thema: Wie ließ sich noch rechtfertigen, dass eine Stimme mehr „Wert" als eine andere hatte, nachdem „alle" (entsprechend der Definition der jeweiligen Zeit) unterschiedslos das Recht zu wählen bekommen hatten? Das Prinzip der allgemeinen und gleichen Wahl („One man, one vote, one value") wurde zuerst in den USA und dort schon zum Zeitpunkt ihrer Gründung als verbindlich angesehen. Aber „man" hieß hier zunächst noch „weißer Mann", während Frauen, Schwarze und andere Minderheiten bis auf weiteres vom Wahlrecht ausgeschlossen blieben.

Im Unterschied zu den Vereinigten Staaten, in denen die weiße männliche Bevölkerung von Beginn an über das allgemeine und gleiche Wahlrecht verfügte, vollzog sich die Ausweitung des Wahlrechts in vielen Teilen Europas mühsamer: Die französische Revolutionsverfassung von 1791 sah als Grundlage für die politische Selbstbestimmung der Franzosen ein moderates Zensuswahlrecht vor; ein Wahlsystem, das die Stimmen nach der Steuerlast des einzelnen gewichtete und – nach der welthistorischen Zäsur der Französischen Revolution – getragen war vom Geist der universellen Erklärung der Menschen- und Bürgerrechte von 1789. Diese Entwicklung blieb nicht ohne Auswirkung auf die europäischen Nachbarn: 1808 führte die preußische Städteordnung zum ersten Mal in Deutschland ein allgemeines Wahlrecht (für Männer) ein, gebunden an Einkommen und Grundbesitz. Während sich ein annähernd allgemeines und gleiches Wahlrecht fast überall in den deutschen Staaten bis zum Ende des 19. Jahrhunderts durchsetzte, galt in Preußen weiterhin das sogenannte Dreiklassenwahlrecht, bei dem die Stimmen nach dem Einkommen der Wähler gewichtet wurden. Jede dieser Klassen repräsentierte ein Drittel des Gesamtsteueraufkommens und erhielt eine feste Zahl an Abgeordneten. Die beiden oberen Klassen, denen weniger als ein Fünftel der

Bevölkerung angehörten, verfügten durch diesen Wahlmodus über eine Zweidrittelmehrheit im Parlament.

Für Bewegung in der Durchsetzung des Wahlrechts im 19. Jahrhundert sorgte das Erstarken nationaler Bewegungen. Diese Bewegungen verbanden oftmals ihr nationales mit einem demokratischen Anliegen und forderten politische Teilhabe für alle Bürger einer „Nation": In einer Reihe von Staaten wie etwa der Schweiz (1848/79), Deutschland (1869/71) oder Norwegen (1897) wurde ein allgemeines und gleiches Wahlrecht für Männer noch vor dem Ersten Weltkrieg eingeführt. Andere Staaten folgten während oder nach dem Ersten Weltkrieg, zum Beispiel die Niederlande (1917) oder Großbritannien (1918).

Die gesamtgesellschaftliche Mobilisierung durch den Ersten Weltkrieg blieb nicht ohne Folgen für das Wahlrecht: Das Wahlrecht wurde vom Eigentum entkoppelt. Oftmals kam es auch zur Absenkung des Wahlalters – wer in jungen Jahren waffenfähig war, hatte auch das Recht zu wählen. Der Krieg hat zudem maßgeblich zu einer Veränderung der Rolle der Frau in der Gesellschaft beigetragen, indem den Frauen sowohl in der Familie als auch im Beruf die Aufgabe zufiel, den Ausfall der Männer zu kompensieren. Der Krieg als der große Gleichmacher – auch zwischen den Geschlechtern; er beförderte das Anliegen der Frauenbewegung in ihrem langen Kampf für gleiche Rechte und politische Teilhabe: Unmittelbar nach dem Ersten Weltkrieg wurde das Frauenwahlrecht in Deutschland (1919), Dänemark (1918), Irland (1918), Österreich (1918) und in den Niederlanden (1919) eingeführt. In anderen westeuropäischen Staaten dauerte es bis zum Ende des Zweiten Weltkriegs, so etwa in Frankreich oder Italien. Mit der Einführung des Frauenwahlrechts ist der Prozess der Ausbreitung des allgemeinen und gleichen Wahlrechts zu einem Abschluss gelangt. Der Nachzügler in Europa ist die Schweiz, in der bundesweit erst 1971 das Frauenwahlrecht eingeführt wurde (in einzelnen Kantonen sogar erst 1990).

Eine neuere Entwicklung geht dahin, die Altersgrenze für das aktive Wahlrecht abzusenken. So darf in Österreich mittlerweile ab dem 16. Lebensjahr bei Europa- und Nationalratswahlen gewählt werden. In Deutschland haben bislang drei Länder das Wahlalter bei Landtagswahlen und acht Länder das Wahlalter bei Kommunalwahlen auf 16 Jahre abgesenkt. In Thüringen war dieses Thema ebenfalls schon mehrfach Thema parlamentarischer Diskussionen. Neueste Überlegungen führen dazu, der rechtlichen Allgemeinheit der Wahl die tatsächliche Allgemeinheit der Wahl folgen zu lassen. Dabei geht es unter anderem um den barrierefreien Zugang zu Wahllokalen oder Hilfsmittel für Menschen mit Behinderungen. Auch dieses Thema ist aktuell Gegenstand der politischen Debatte auf der Bundes- und Länderebene.

Die Meilensteine in der Entwicklung des Wahlrechts in Europa verdeutlichen, dass es sich hierbei um einen politischen Kampf handelt: die Zugehörigkeit zum Wahlvolk ist nicht automatisch gleichzusetzen mit der Volkszugehörigkeit. Wer Wahlrecht hat – haben soll – und wer nicht, ist eine Frage, die ganz unterschiedlich beantwortet werden kann. Das zeigt nicht nur der Blick über die Grenzen Europas hinaus, das zeigt auch die europäische Geschichte selbst. Gerade für den „alten" Kontinent, der sich als eine politische Gemeinschaft versteht, in der die nationalen Grenzen nicht mehr die Grenzen der Politik bestimmen sollen, kündigen sich neue Herausforderungen an: Sollen die dauerhaft in einem europäischen Staat lebenden Ausländer sich an Wahlen beteiligen dürfen? 1989 gab es einen ersten Versuch in Schleswig-Holstein, bestimmten Ausländern die Teilnahme an Kommunalwahlen zu ermöglichen. Das Bundesverfassungsgericht erklärte diese Regelung für verfassungswidrig. Wenn das Volk in freien Wahlen die Grundlagen seiner eigenen Selbstbestimmung legt, dann setzt die Teilnahme an der Wahl (auch der Kommunalwahl), Volkszugehörigkeit, mithin Staatsbürgerschaft voraus.

Dieser Zusammenhang hat sich mit dem Vertrag von Maastricht von 1992 für EU-Bürger verändert. Seitdem haben alle Bürger dieser Gemeinschaft auch in jedem der Mitgliedsstaaten unabhängig von ihrer Nationalität ein kommunales Wahlrecht, sofern sie einen ständigen Wohnsitz in dem jeweiligen Land nachweisen können. Dieses Themenfeld ist neu in Bewegung gekommen: Der „Ausschuss der Regionen" hat einen Beschluss angenommen, in dem gefordert wird, dass EU-Bürger auch an regionalen Wahlen teilnehmen können.

In Thüringen bedeutete dieser Vorschlag, dass EU-Bürger das Stimmrecht bei der Landtagswahl erhalten würden – eine Forderung, die in Thüringen von Teilen des Landtags und der Landesregierung vertreten wird. Mittlerweile wird auch, ob Ausländer, die in Deutschland geboren wurden, deren „Vaterland" aber nicht Mitglied in der EU ist, ebenfalls das Recht haben sollten, an Kommunalwahlen teilzunehmen. In Europa schreitet der Prozess der

Ausdehnung des Wahlrechts für Unionsbürger voran: Der ständige Wohnsitz und nicht die Nationalität ist entscheidend für das Wahlrecht im Rahmen der Wahlen zum Europäischen Parlament.

Elemente der Wahlsysteme

Wahlsysteme bestehen im Wesentlichen aus fünf Elementen: Entscheidungsregel, Stimmverrechnung, Wahlkreiseinteilung, Wahlbewerbung und Stimmgebung. Diese Elemente können auf ganz unterschiedliche Weise zusammengesetzt werden. Üblicherweise bestimmt die Entscheidungsregel den Charakter des Wahlsystems, weil mit ihr die politische Entscheidung verbunden wird, ob das Wahlrecht primär der Bildung stabiler Mehrheiten oder der umfassenden Repräsentation der Bevölkerung dienen soll. Diese grundsätzliche Ausrichtung kann jedoch abgemildert oder sogar in die jeweilige Gegenrichtung verkehrt werden und zwar abhängig davon, wie andere Elemente die Entscheidungsregel ergänzen.

Entscheidungsregel

Wahlsysteme lassen sich in zwei Grundtypen unterscheiden, und zwar in Mehrheitswahl (Majorz) und Verhältniswahl (Proporz). Das Kriterium zur Unterscheidung ist die sogenannte Entscheidungsregel. So wird diejenige Regel genannt, nach der die Mandate vergeben werden. Bei der Mehrheitswahl ist das Prinzip der Entscheidungsregel denkbar einfach: Derjenige, der die meisten Stimmen erhält, erlangt zugleich das Mandat. Bei der Verhältniswahl hingegen wird der Anteil an erhaltenen Stimmen in einen entsprechenden Anteil an Mandaten übersetzt. Bei einer reinen Verhältniswahl entsprächen beispielsweise zehn Prozent der Stimmen auch zehn Prozent der zu verteilenden Sitze. Der Unterschied in der Wirkungsweise beider Wahlsysteme ist beträchtlich: Während bei der Mehrheitswahl nur die Stimmen der Sieger „zählen", liegt der Verhältniswahl grundsätzlich die Idee zugrunde, dass alle Stimmen den gleichen Erfolgswert haben.

Die Mehrheitswahl lässt sich in die relative und die absolute Variante unterteilen. Das Erfordernis der relativen Mehrheit verlangt von dem Bewerber nur, dass er mehr Stimmen auf sich vereinigen kann als die anderen. Die absolute Mehrheit verlangt hingegen für die Vergabe des Mandats einen Anteil von über 50% der Stimmen. In der Praxis erweist sich das Erfordernis absoluter Mehrheit im ersten Wahlgang als eine hohe, oftmals unüberwindliche Hürde. Daher ist in der Regel mindestens ein zweiter Wahlgang notwendig: Werden zum zweiten Wahlgang nur noch diejenigen zwei Kandidaten zugelassen, die die meisten Stimmen im ersten Wahlgang erreicht haben, spricht man von einer „germanischen" Mehrheitswahl. Denn diese Variante wurde zum ersten Mal im deutschen Kaiserreich praktiziert. Sind mehr als zwei Kandidaten zum zweiten Wahlgang zugelassen, bei dem eine relative Mehrheit für die Mandatsvergabe ausreichend ist, so handelt es sich um die „romanische" Variante des absoluten Mehrheitswahlrechts. Sie hat vor allem in Frankreich Tradition.

Im Unterschied zur Mehrheitswahl, bei der typischerweise die Zahl der Mandatssitze identisch ist mit der Zahl an Wahlkreisen, aus denen der Sieger hervorgeht und „seinen" Sitz im Parlament erhält, muss im Falle der Verhältniswahlsysteme erst festgelegt werden, mit welchem Verfahren die Stimmenanteile in Mandatssitze umgesetzt werden. Zwei Grundformen lassen sich unterscheiden: die reine und die modifizierte Form der Verhältniswahl. Die reine Verhältniswahl hat eine möglichst genaue Umsetzung der Stimmenanteile in Mandatssitze zum Ziel (zur Stimmverrechnung siehe weiter unten im Text). Sie entspringt dem Wunsch nach umfassender parlamentarischer Vertretung der verschiedenen gesellschaftlichen Gruppierungen (idealer Proporzeffekt). Die modifizierte Form der Verhältniswahl macht die Umsetzung der Stimmenanteile in Mandatssitze von bestimmten Voraussetzungen abhängig. Oft werden *Sperrklauseln* verwendet, die von den Parteien ein Minimum an Stimmen verlangen – in der Bundesrepublik etwa beträgt ihre Höhe 5% der Stimmen bezogen auf das Bundesgebiet, in Spanien 3% im Wahlkreis –, bevor diese an der Mandatsvergabe teilnehmen dürfen.

Majorz oder Proporz: Diese zwei Varianten der Entscheidungsregel haben immer wieder Anlass zur Frage gegeben, welches Verfahren vorzugswürdig sei. Die Beantwortung dieser Frage hängt maßgeblich von den Kriterien ab, die man zur Beurteilung heranziehen möchte. Dazu dient die folgende Tabelle 1, die einen Überblick über die tendenziellen Auswirkungen der beiden Grundtypen auf eine politische Ordnung gibt. Diese Tendenzen können, wie bereits erwähnt, durch die anderen Elemente der Wahlsysteme verstärkt oder abgeschwächt werden. Entscheidend für die Beurteilung eines Wahlsystems ist daher die tatsächliche Gestaltung der Wahlsysteme.

Tabelle 1: Tendenzielle Auswirkungen von Mehrheits- und Verhältnis- wahl		
	Mehrheitswahl	*Verhältniswahl*
Zweiparteiensystem	+	–
Stabile Mehrheitsverhältnisse im Parlament	+	–
Disproportionalitäten („Bias")	+	–
Koalitionsregierungen	–	+
Begünstigung des Regierungs- wechsels	+	–
Zurechnung politischer Verant- wortung	+	–
Umfassende Repräsentation	–	+
Chancen für neue politische Strömungen	–	+

Stimmverrechnung

Bei der Verhältniswahl sind zur Umrechnung der gewonnenen Stimmen in Mandate verschiedene Arten der Stimmverrechnung bis heute gebräuchlich. Eine allgemein akzeptierte Bezeichnung und Systematisierung der unterschiedlichen Berechnungsverfahren hat sich aber noch nicht durchgesetzt. So wird u.a. zwischen Quoten- und Divisorenverfahren oder zwischen Höchstzahl- und Wahlzahl- verfahren sowie Systemen mathematischer Proportionen unter- schieden. Die folgende Übersicht beschränkt sich darauf, die bisher in Deutschland zur Stimmverrechnung angewandten Verfahren mit ihren Vor- und Nachteilen darzustellen.

(1) Die einfachste Methode der Stimmverrechnung, das soge- nannte *automatische Verfahren*, war das erste Verfahren, das in Deutschland nach Einführung der Verhältniswahl 1919 angewandt wurde. Nach diesem Verfahren erhält jede Partei pro Mindestzahl von Stimmen ein Mandat. In der Weimarer Republik beispielsweise betrug die Mindestzahl 60.000 Stimmen pro Mandat. Hält man die Mindestzahl konstant, so wird die Größe des Parlaments beim au- tomatischen Verfahren variabel, denn sie hängt entscheidend von der Zahl der Wähler und deren Wahlbeteiligung ab. So wuchs der

Reichstag in der Weimarer Republik beispielsweise von 466 Sitzen im Jahr 1920 auf über 600 Sitze in den 1930er-Jahren.

(2) Bleibt hingegen die Mandatszahl im Parlament konstant, stellt sich das Problem der mathematisch exakten – und politisch gerechten – Verrechnung von Stimm- und Sitzanteilen. Ein Beispiel vorab: Bei einer festen Parlamentsgröße von hundert Sitzen wirft das Stimmergebnis der Partei X von 33,3% die Frage auf, ob ihre Fraktion über 30 oder 31 Mitglieder verfügt. Ein erstes Verfahren zur Lösung dieses Problems ist das Divisoren- oder Höchstzahlverfahren, das z.B. in Spanien Anwendung findet: Hier werden die Stimmenzahlen der jeweiligen Parteien durch Divisorenreihen dividiert. Eine bekannte Methode ist das in der Bundesrepublik bis 1985 praktizierte *d'Hondtsche Verfahren* mit der Divisorenreihe 1, 2, 3 etc. Die jeweils höchsten Quotienten, die bei den Divisionen entstehen, erhalten ein Mandat. Zur Veranschaulichung: In einem Wahlkreis sind zehn Abgeordnete zu wählen. Von den insgesamt 1000 abgegebenen Stimmen entfallen 425 auf Partei A, 310 auf Partei B, 145 auf Partei C und 120 auf Partei D. Die eingeklammerten Zahlen in der nachfolgenden Tabelle 2 geben die Reihenfolge der verteilten Mandate an: Insgesamt erhält Partei A fünf Mandate, Partei B drei, Partei C sowie Partei D jeweils ein Mandat.

Tabelle 2: Rechenbeispiel nach d'Hondt				
Divisoren	*Partei A*	*Partei B*	*Partei C*	*Partei D*
:1	425 (1)	310 (2)	145 (5)	120 (7)
:2	212 (3)	155 (4)	72	60
:3	141 (6)	103 (9)	48	40
:4	106 (8)	77	36	30
:5	85 (10)			

Das d'Hondtsche Verfahren kann unter bestimmten Umständen zu einer Benachteiligung kleinerer Parteien führen; dieser Grund hat für die Entscheidung eine Rolle gespielt, die Stimmverrechnung mit der Bundestagswahl 1987 zu verändern und durch das Hare/Niemeyer-Verfahren zu ersetzen.

(3) Das *Hare/Niemeyer-Verfahren* geht zurück auf den englischen Juristen Thomas Hare und den deutschen Mathematiker

Horst Niemeyer. Die Sitzverteilung ergibt sich aus der Zahl der zu vergebenden Mandate (M), den Stimmen, die eine Partei erhalten hat (SP) und den abgegebenen gültigen Stimmen (S). Aus diesen Elementen wird die Mandatszahl (MZ) für die jeweiligen Parteien errechnet (Formel: M x (SP/S) = MZ). Bleiben Restmandate, so werden diese üblicherweise nach dem größten Rest, hier also nach den höchsten Zahlenbruchteilen vergeben. Die einzelnen Methoden zur Verrechnung der Stimmen unterscheiden sich nicht nur in ihrer Technik der Berechnung, sondern auch in ihrer Wirkungsweise. So ist beispielsweise das Hare/Niemeyer-Verfahren für kleine Parteien günstiger als das d'Hondtsche, wie auch die Tabelle 3 veranschaulicht: Partei A verliert einen Sitz zugunsten von Partei C. Der letzte Sitz wurde dabei nach dem größten Rest verteilt.

Tabelle 3: Rechenbeispiel nach Hare/Niemeyer

	Stimmen	M x (SP / S)	Ergebnis	Sitzverteilung nach Hare/ Niemeyer	Vergleich: nach d'Hondt
Partei A	425	10 x (425/1000)	4,25	4	5
Partei B	310	10 x (310/1000)	3,10	3	3
Partei C	145	10 x (145/1000)	1,45	2	1
Partei D	120	10 x (120/1000)	1,20	1	1
Gesamt	1000			10	10

(4) Ein weiteres Verfahren ist die *Divisormethode mit Standardrundung,* das in den Achtzigerjahren von Hans Schepers für die Verteilung der Ausschusssitze entwickelt wurde. Das vorrangige Ziel bestand darin, die Benachteiligung kleinerer Parteien beim d'Hondtschen Verfahren zu verhindern. Das Verfahren ähnelt dabei im Ergebnis der Methode des französischen Mathematikers André Sainte-Laguë aus dem Jahre 1912, so dass heute im Sprachgebrauch des Bundestages die Doppelbezeichnung *Sainte-Laguë/ Schepers* üblich ist. Ab 2009 wird diese Methode auch bei der Berechnung der Bundestagswahlen eingesetzt. Es stellt nicht nur kleinere Parteien bei der Sitzberechnung besser, sondern vermeidet zudem mathematische Paradoxien, die bei der Verwendung von Hare-Niemeyer entstehen können.

Bei der Divisormethode mit Standardrundung werden in einem ersten Schritt die erreichten Stimmen pro Partei durch einen vorher festgelegten Zuteilungsdivisor geteilt. Die berechneten Quotienten werden in einem zweiten Schritt auf ganze Sitzzahlen auf- bzw. abgerundet (bei 0,5 entscheidet das Los). Unterschiedliche Methoden gibt es bezüglich der Bestimmung des Zuteilungsdivisors. In Deutschland verwendet man das so genannte iterative Verfahren. Hier wird in einem ersten Zugang der Divisor geschätzt, indem die Gesamtzahl der Stimmen aller Parteien durch die Zahl der zu vergebenden Sitze dividiert wird. Zwei neuerliche Berechnungsbeispiele sollen zur Veranschaulichung dienen: In Tabelle 4 beträgt der Divisor 100 bei insgesamt 1000 Stimmen und zehn zu vergebenden Mandaten:

Tabelle 4: Erstes Rechenbeispiel nach iterativem Verfahren bei der Divisormethode mit Standardrundung

	Stimmen	Zuteilungs-divisor	Ergebnis	Ergebnis nach Standardrundung (= MZ)
Partei A	425	100	4,25	4
Partei B	310	100	3,10	3
Partei C	145	100	1,45	1
Partei D	120	100	1,20	1
Gesamt	1000			9

Im vorliegenden Beispiel ist die Zahl der vergebenen Sitze mit neun Mandaten zu niedrig, der Divisor muss also verändert werden. Dazu wird er in kleinen Schritten (daher iteratives Verfahren) verkleinert, bis die tatsächliche Sitzzahl vergeben ist. Bei einem Divisor von 97,5 werden weiterhin neun Sitze verteilt, bei einem Wert von 95 ändert sich das Bild (siehe Tabelle 5):

Tabelle 5: Zweites Rechenbeispiel nach iterativem Verfahren bei der Divisormethode mit Standardrundung

	Stimmen	Angepasster Zuteilungs- divisor	Ergebnis	Ergebnis nach Standardrundung (= MZ)
Partei A	425	95	4,47	4
Partei B	310	95	3,26	3
Partei C	145	95	1,53	2
Partei D	120	95	1,26	1
Gesamt	1000			10

Wäre die Zahl der verteilten Sitze zu hoch gewesen, so hätte der Zuteilungsdivisor schrittweise vergrößert werden müssen.

Wahlkreiseinteilung

Die Einteilung der Wahlkreise wird grundsätzlich durch zwei Faktoren bestimmt: erstens durch den Zuschnitt, d.h. die gleiche durchschnittliche Bevölkerungszahl pro Wahlkreis und zweitens durch die Größe, d.h. die Zahl der Mandate, die in einem Wahlkreis vergeben werden. Mit der Einteilung der Wahlkreise nach diesen zwei Faktoren möchte man erreichen, dass die Wählerschaft in jedem Wahlkreis annähernd gleich repräsentiert wird. In diesem Sinne liegt eine gleiche Repräsentation dann vor, wenn jede Stimme den gleichen Zählwert hat. Um einen gerechten Repräsentationsschlüssel zu erhalten, ist entweder eine vergleichbare Bevölkerungsgröße aller Wahlkreise anzustreben oder ein proportionaler Ausgleich der Mandatszahl zwischen den Wahlkreisen in Abhängigkeit von der jeweiligen Bevölkerungsgröße. In beiden Varianten ist jedoch die Bevölkerungszahl in den Wahlkreisen regelmäßig zu überprüfen und im Falle von Veränderung – etwa durch Geburtenrückgang oder Migration – anzupassen. Dies kann entweder durch Neueinteilung der Wahlkreise oder eine Anpassung der Mandatszahl geschehen. In Deutschland entscheidet der Deutsche Bundestag per Gesetz über die Neueinteilung der Wahlkreise. Eine Veränderung muss nach dem Bundeswahlgesetz (BWG) vorgenommen werden, wenn die Bevölkerung eines Wahlkreises mehr als 25% vom Durchschnitt abweicht.

Die Anzahl der Mandate, die in einem Wahlkreis errungen werden können, ist zudem für die Wirkungsweise eines Wahlsystems entscheidend. Ist in einem Wahlkreis nur ein einziges Mandat zu gewinnen (Einmannwahlkreis), so wird die Wahl zwangsläufig durch Mehrheitswahl (absolut oder relativ) entschieden. In Mehrmannwahlkreisen hingegen kann auch nach der Entscheidungsregel Proporz gewählt werden. Das spanische Wahlsystem ist ein Beispiel für eine Mischung von kleinen und großen Wahlkreisen. Grundsätzlich gilt jedoch, dass der Proporzeffekt abnimmt, je kleiner die Wahlkreise sind (z.B. Irland). Wahlen in Dreimannwahlkreisen etwa haben den Charakter einer Mehrheitswahl.

Wahlbewerbung

Im Zentrum der Wahlbewerbung steht die Frage, ob ein einzelner Kandidat oder – zumeist von den Parteien aufgestellte – Kandidatenlisten zur Wahl stehen. Bei einer Einzelkandidatur spielen entsprechend die Persönlichkeit, bei Listenkandidaturen hingegen die Parteizugehörigkeit der Bewerber eine wesentliche Rolle bei der Wahlentscheidung. Im Falle der Listenkandidaturen lohnt jedoch ein genauerer Blick auf die Art der Listen: Bei einer „starren" Liste kann der Wähler nur en bloc über die Kandidaten einer Partei abstimmen (z.B. Deutschland). Die „lose gebundene" Liste hingegen gibt dem Wähler die Möglichkeit darüber zu entscheiden, wer die jeweilige Partei vertreten soll, indem er seine „Favoriten" auf der vorstrukturierten Liste ankreuzt (z.B. Belgien, Niederlande). Die „freie Liste" kennt nicht diese Vorstrukturierung; hier überlassen es die Parteien dem Wähler, seine eigene Liste zusammenzustellen (z.B. Schweiz).

Stimmgebung

In einem engen Zusammenhang mit der Wahlbewerbung stehen die unterschiedlichen Arten der Stimmgebung, deren einfachste Form der Stimmgebung darin besteht, dass jeder Wähler eine Stimme hat (Einzelstimmgebung). Jede andere Form der Stimmgebung zielt auf eine Stärkung des Wähler-Kandidaten-Verhältnisses. Üblicherweise geschieht dies dadurch, dass der Wähler seine Vorliebe (Präferenzstimmgebung) für einen bestimmten Kandidaten zum Ausdruck bringen kann (z.B. Finnland, Luxemburg und Öster-

reich), indem ihm mehrere Stimmen zur Verfügung stehen (Mehrstimmgebung): Entweder so viele Stimmen wie Kandidaten in
einem Wahlkreis zu wählen sind oder weniger Stimmen als Kandidaten (beschränkte Mehrstimmgebung).

Die Freiheit des Wählers – aber auch die Komplexität des Wahlsystems – vergrößert sich mit der Option, seine Stimmen zu kumulieren, d.h. mehrere Stimmen für ein und denselben Kandidaten
abzugeben, oder zu panaschieren, d.h. auf Kandidaten verschiedener Listen verteilen zu können (z.B. Schweiz). Denkbar sind auch
Angaben über alternative Stimmabgaben (Alternativstimmgebung)
durch die Angabe von Zweit-, Dritt- etc. Präferenzen für den Fall,
dass der vom Wähler zunächst vorgezogene Kandidat nicht gewählt
wird. In Verbindung mit der freien Liste ist diese Form nachhaltig
im irischen System – der sogenannten *Single Transferable Vote* –
verwirklicht worden. Schließlich sind auch Zweistimmensysteme
möglich, bei denen der Wähler z.B. mit seiner Erststimme über Kandidaten im Wahlkreis und mit seiner Zweitstimme über eine Parteiliste abstimmen kann (z.B. Deutschland).

Wahlrecht als Machtinstrument

Die zahlreichen Möglichkeiten, einzelne Elemente des Wahlrechts auf unterschiedliche Art und Weise zu kombinieren, sind
kein Selbstzweck, sondern unablösbar verbunden mit der Grund-
frage der Politik: der Machtfrage. Das Wahlrecht ist zugleich Be-
dingung und Instrument des Machterwerbs und Machterhalts.
Reformen des Wahlrechts bieten daher stets eine andere, neue politische Machtoption. Oftmals sind es gerade die „feinen" Unterschiede, die nach außen wie Detailfragen erscheinen mögen, die
aber maßgeblich über Sieg oder Niederlage entscheiden können.
Ein gutes Beispiel hierfür ist das *Gerrymandering*, eine Strategie,
die Wahlkreisgrenzen nach politischen Gesichtspunkten zu ziehen.
Sie geht auf Elbridge Gerry zurück, der sie als Gouverneur des US-
Bundesstaates Massachusetts schon im frühen 19. Jahrhundert mit
Erfolg zur Anwendung brachte: Je nach Lage der Mehrheitsverhältnisse sind dabei zwei Strategien denkbar, um das Wählerpotential
des politischen Konkurrenten zu neutralisieren: Entweder wird ihm
eine Hochburg zugestanden, die er zwar mit hohen Stimmenantei-
len gewinnen wird, ihn aber in den restlichen Wahlkreisen ohne
Chance auf Mandatsgewinne lässt, oder die Wahlkreise werden so

geschnitten, dass das eigene Wählerpotential jeweils knapp zum Sieg ausreicht, womit ein Mandatsgewinn der Gegenseite gleichfalls verhindert wäre. Beide Strategien sind beispielsweise zu Beginn der V. Republik Frankreichs von de Gaulle angewendet worden. Ein Beispiel: In einem Landkreis mit neun gleich großen Kommunen sollen insgesamt drei Abgeordnete nach den Grundsätzen der relativen Mehrheitswahl in Einmannwahlkreisen gewählt werden. Zwei Parteien treten zur Wahl an: Partei A (schwarz) und Partei B (weiß). Partei A hat in fünf Kommunen die Mehrheit, Partei B in vier Kommunen. Will man nun die neun Kommunen drei Wahlkreisen zuordnen, so gibt es verschiedene Möglichkeiten. Die folgenden Abbildungen zeigen zwei Varianten: Im ersten Modell gewinnt Partei A nur einen und Partei B zwei Wahlkreise, obwohl Partei A insgesamt mehr Stimmen gewonnen hat. Dies gelingt dadurch, dass in Wahlkreis 2 drei Kommunen von A zusammengefasst wurden, während in den Wahlkreisen 2 und 3 Partei B nur eine knappe Mehrheit hat. Im zweiten Modell hingegen würde Partei A zwei der drei Wahlkreise gewinnen. Beide Parteien würden sich also für unterschiedliche Wahlkreisgrenzen aussprechen, wenn sie darüber frei entscheiden könnten.

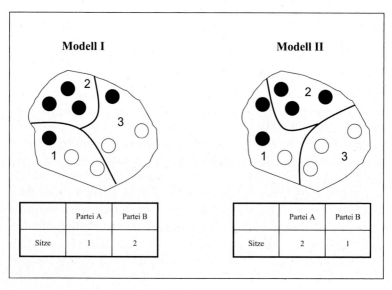

Abbildung 1: Strategien des Gerrymandering

Das Verschieben von Wahlkreisgrenzen kann also bestimmte Parteien bevorzugen und auf diese Weise das Ergebnis beeinflussen. Aber auch das Unterlassen von Neueinteilungen kann zu Ungerechtigkeiten führen. So wurden im deutschen Kaiserreich zwischen 1871 und 1918 die Wahlkreise nicht verändert mit der Folge, dass die Zahl der Wahlberechtigten pro Mandat zwischen 18.800 und 220.000 schwankte. Denn im Zuge der Industrialisierung war die Bevölkerungszahl in den Städten stark angestiegen, während ländliche Regionen eher von Abwanderung betroffen waren. Die Wahlchancen der Sozialdemokratie wurden dadurch erheblich beeinträchtigt, da sie vor allem durch die städtische Arbeiterschaft unterstützt wurde. Ihre Abgeordneten benötigten, verglichen mit jenen der konservativen Kräfte, die zumeist von der Landbevölkerung gewählt wurden, ungleich größere Stimmenzahlen. Aus Erfahrung wird man klug: Heutzutage gehören unabhängige Kommissionen zur Überprüfung der Wahlkreisgröße zum demokratischen Standard.

Überhangmandate sind eine Besonderheit des deutschen Wahlrechts. Sie entstehen dann, wenn eine Partei mehr Wahlkreise in einem Bundesland direkt gewinnt, als ihr an Listenmandaten zustehen. In diesem Falle behalten die siegreichen Direktkandidaten ihre Parlamentsmandate, die Gesamtzahl der Abgeordneten steigt um die Zahl der Überhangmandate an. Überhangmandate können Mehrheitsverhältnisse ändern, wenn eine Partei oder eine Koalition durch die zusätzlichen Mandate eine Mehrheitsposition erreicht, die sie ansonsten nicht hätte. Auf der Bundesebene hat es einen solchen Fall bisher noch nicht gegeben, doch wurden knappe Mehrheiten schon mehrmals durch Überhangmandate ausgeweitet. Grundsätzlich besteht die Möglichkeit, durch Ausgleichsmandate das eigentliche Stimmenverhältnis wieder herzustellen, indem auch die übrigen Parteien zusätzliche Sitze zugeteilt bekommen.

Wahlen in Deutschland

Wahlen zum Deutschen Bundestag

Mit den Wahlen zum Deutschen Bundestag bestimmen die Wähler alle vier Jahre ihre Abgeordneten und damit indirekt auch die jeweilige Regierungsmehrheit auf Bundesebene. Mindestens 598 Mitglieder des Bundestages (MdBs) werden dabei von den Wählern aus der Zahl der Kandidaten von Parteien und Einzelbewerbern bestimmt. (Einen Überblick über die Wahlergebnisse und die Entwicklung des Wahlsystems seit 1949 geben Tabelle 32 bzw. Tabelle 34 im Anhang).

Das *aktive* Wahlrecht besitzt heute jeder Deutsche, der am Wahltag das achtzehnte Lebensjahr vollendet hat und nicht vom Wahlrecht ausgeschlossen wurde. Das Erreichen der Volljährigkeit ist auch die Voraussetzung für die Wählbarkeit (*passives* Wahlrecht). Kandidaten und Wähler zur Bundestagswahl 2013 müssen also beispielsweise spätestens am 22. September 1995 geboren worden sein, da der Wahltermin auf den 22. September 2013 festgelegt wurde.

Gewählt wird der Deutsche Bundestag nach den „Grundsätzen einer mit der Personenwahl verbundenen Verhältniswahl" (§ 1 BWahlG). Dieses Wahlsystem der *personalisierten Verhältniswahl* verbindet Elemente der Mehrheits- und der Verhältniswahl, um die jeweiligen Vorteile zur Geltung zu bringen: Die Mehrheitswahl stärkt tendenziell die persönliche Bindung zwischen dem Wähler und dem (direkt gewählten) Abgeordneten des jeweiligen Wahlkreises; während die Verhältniswahl grundsätzlich besser geeignet ist, der Repräsentanz aller gesellschaftlich relevanten Gruppen und Strömungen entsprechend ihrer Größe und Bedeutung gerecht zu werden.

Die Hälfte der Abgeordneten wird direkt in den 298 Wahlkreisen gewählt, während die andere Hälfte über die Listen der Parteien in den einzelnen Bundesländern bestimmt wird. Dieser Aufteilung entspricht die Besonderheit des deutschen Wahlrechtes, die dem Wähler zwei Stimmen gibt:

• Mit seiner *Erststimme* gibt der Wähler seine Stimme einem Kandidaten in seinem Wahlkreis. Gewählt ist der Kandidat, der die meisten Stimmen im Wahlkreis erhält. Hier findet das Prinzip der relativen Mehrheitswahl Anwendung.

- Mit der *Zweitstimme* entscheidet sich der Wähler für die Landesliste einer Partei. Diese Stimme ist ausschlaggebend für die Verteilung der Sitze nach dem System der Verhältniswahl auf Bundesebene.

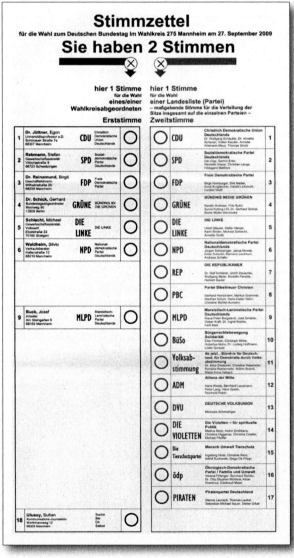

Abbildung 2: Stimmzettel für die Bundestagswahl 2009

Auf eine Formel gebracht: Die Erststimme bestimmt das „Gesicht" des Parlaments, die Zweitstimme das „Gewicht" der Fraktionen. Da die Zweitstimme über die politischen Machtverhältnisse im Bundestag entscheidet, ist sie die bedeutsamere der beiden Stimmen. Kleine(re) Parteien, die oftmals kaum eine Chance haben, ein Direktmandat zu gewinnen, werben in Wahlspots daher oft „nur" um die Zweitstimme für ihre Partei.

Die Zahl der abgegebenen Zweitstimmen ist auch entscheidend für die Höhe der Wahlbeteiligung. Für die Berechnung der Sitzverteilung im Deutschen Bundestag ist die Wahlbeteiligung nicht relevant, da hierzu nur die gültigen abgegebenen Stimmen herangezogen werden. Es ist also für die Mehrheitsverhältnisse irrelevant, ob sich 80% oder nur 60% der Wahlberechtigten an der Wahl beteiligt haben. Eine abnehmende Wahlbeteiligung kann jedoch als Indiz für geringeres politisches Interesse oder steigende Politikverdrossenheit betrachtet werden.

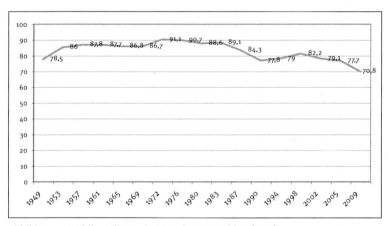

Abbildung 3: Wahlbeteiligung bei Bundestagswahlen (in %)

Wie wird nun die Sitzverteilung im Deutschen Bundestag berechnet? Eng mit der Unterscheidung zwischen Erst- und Zweitstimme und der Verbindung aus Mehrheits- und Verhältniswahlsystem ergeben sich die folgenden zwei Prinzipien:

- Derjenige Wahlkreiskandidat mit den meisten Erststimmen ist direkt gewählt.

- Für die Berechnung des Zweistimmenanteils werden nur Parteien berücksichtigt, die entweder mindestens 5% der abgegeben Zweitstimmen auf Bundesebene erhalten oder drei Direktmandate (Grundmandatsklausel) errungen haben.

Die Sperrklausel (Fünf-Prozent-Hürde) ist nicht unumstritten. Kritiker argumentieren, dass der Wählerwille verfälscht würde, da Teile des Wählerspektrums nicht im Parlament vertreten seien. Befürworter betonen hingegen die stabilisierende Funktion der Klausel, da diese im Gegensatz zu früheren Zeiten die Zahl der Parteien im Parlament begrenze und so stabile Mehrheiten ermögliche. Zusätzlich würde radikalen Parteien der Parlamentseinzug erschwert. Das Erstarken der Grünen in den Achtzigerjahren oder die heutige Vertretung der Partei Die Linke zeigt, dass die Fünf-Prozent-Hürde von neuen politischen Gruppierungen durchaus überwunden werden kann.

Zur Berechnung der Sitzverteilung nach der Bereinigung der abgegebenen Zweistimmen wird seit 2009 das Divisorverfahren mit Standardrundung (Sainte-Laguë-Verfahren) verwendet. Die Tabelle 6 gibt einen Überblick über die Logik des Verfahrens am Beispiel der Bundestagswahl 2009:

Tabelle 6: Verteilung der Sitze auf die Parteien (ohne Überhangmandate) nach Sainte-Laguë bei der Bundestagswahl 2009				
	Zweitstimmen	Angepasster Zuteilungsdivisor	Ergebnis	Ergebnis nach Standardrundung (= MZ)
CDU	11.828.277		173,448	173
SPD	9.990.488		146,499	146
FDP	6.316.080	68.195*	92,618	93
Linke	5.155.933		75,606	76
Grüne	4.643.272		68,088	68
CSU	2.830.238		41,502	42
Gesamt	40.764.288			598

Bislang wurden in einem ersten Schritt die Sitzzahl den Parteien auf *Bundesebene* berechnet und in einem nächsten Schritt auf die *Landeslisten* pro Partei verteilt, und zwar ebenfalls mit Hilfe des Divisorverfahrens mit Standardrundung. Dieser Ansatz ist durch die Entscheidung des Bundesverfassungsgerichts und die dadurch erforderlich gewordenen Reformen seitens des Bundeswahlgesetzgebers verändert worden. Die Veränderungen selbst sowie deren Bedeutung erschließen sich besonders vor dem Hintergrund der bestehenden Regelung:

Entscheidendes Kriterium war bisher die erreichte Stimmenzahl pro Bundesland. Von der ermittelten Zahl der Mandate wurden die erreichten Direktmandate abgezogen, die übrigen Sitze wurden über die jeweilige Landesliste besetzt. Die Thüringer Linke hatte beispielsweise 2009 einen Anspruch auf fünf Mandate. Sie hatte zwei Direktmandate gewonnen, so dass drei Sitze über die Landesliste ermittelt wurden. Tabelle 7 gibt einen Überblick über die gewonnenen Direkt- und Listenmandate der einzelnen Parteien bei der Bundestagswahl 2009.

Tabelle 7: Listen- und Direktmandate nach Parteien bei der Bundestageswahl 2009				
	Zweitstimmen in %	Direktmandate	Listenmandate	Mandate insgesamt
CDU	27,3	173	21	194
SPD	23,0	64	82	146
FDP	14,6	0	93	93
Linke	11,9	16	60	76
Grüne	10,7	1	67	68
CSU	6,5	45	0	45
Gesamt	94	299	323	622

Die neue Regelung, die mit der Bundestagswahl im September 2013 zur Anwendung kommt, differenziert das bisherige Berechnungsverfahrens durch folgende Abstufungen:

- Die Verteilung der Sitze nach Zweistimmen erfolgt zunächst – rechnerisch, nicht tatsächlich! – auf *Länderebene*: Die (fiktive) Gesamtzahl der Sitze von 598 Bundestagmandaten wird proportional zum Bevölkerungsanteil nach dem Sainte-Laguë-Verfahren auf die Länder verteilt.
- Die so errechnete Mandatszahl je Land wird gemäß dem jewei-

ligen Anteil an Zweitstimmen der Parteien proportional auf diese verteilt (wiederum auf Grundlage des Sainte-Laguë-Verfahrens).

- Hat eine Partei mehr Wahlkreise gewonnen, als ihr Sitze nach dem Zweitstimmenanteil zustehen, wird die Sitzzahl der Partei entsprechend aufgestockt.
- Aus der Summe an Sitzzahlen pro Land wird – bottom up – die Mindestzahl für jede Partei auf *Bundesebene* berechnet.

Nun (erst) findet die oben beschriebene Verteilung der Sitze für jede Partei nach ihrem Zweistimmenanteil auf Bundesebene statt:

- Dabei findet bei der Berechnung sogleich eine weitere Neuerung Anwendung: Die ursprüngliche Zahl an Bundestagsmandaten (598) wird solange erhöht, bis jede Partei ihre Mindestzahl erreicht hat.
- Die – top down – Verteilung der Bundestagssitze auf die Landeslisten der Parteien entscheidet über den Einzug der Listenkandidaten in den Bundestag.
- Jeder Landesliste stehen mindestens so viele Sitze zu, wie die Partei Wahlkreise im Land gewonnen hat. Übersteigt der Zweitstimmenanteil der jeweiligen Landesliste den Anteil an Direktmandaten werden die verbleibenden Sitze über die Landesliste in der dort festgelegten Reihenfolge besetzt (s.o. Thüringen-Beispiel 2009).

Durch diese Änderungen entfällt das Problem der Überhangmandate, die bisher einen Sonderfall des bundesdeutschen Wahlsystems dargestellt haben. Überhangmandate entstanden, wenn eine Partei in einem Bundesland mehr Wahlkreise direkt gewonnen hatte, als ihr nach proportionaler Mandatsverteilung zustanden. Bei der Bundestagswahl 2009 gab es insgesamt 24 Überhangmandate, davon 21 für die CDU und drei für die CSU. Die folgende Tabelle 8 zeigt die Verteilung der Überhangmandate auf die Parteien seit 1980 (zur Entwicklung seit 1949 siehe Tabelle 34 im Anhang). Bisher haben Überhangmandate zwar Mehrheiten verstärkt, aber nicht die Mehrheitsverhältnisse nach dem Ergebnis der Verhältniswahl verändert. Dennoch stellte sich aufgrund der wachsenden Zahl an Überhangmandaten auf der Bundesebene zunehmend die Frage, ob hier nicht ein Reformbedarf beispielsweise durch Ausgleichsmandate bestünde.

Tabelle 8: Verteilung der Überhangmandate nach Parteien seit 1980								
	1980	1983	1987	1990	1994	1998	2002	2005	2009
CDU			1	6	12	—	1	7	*24
SPD	1	2	—	—	4	13	4	9	—

*Einschließlich drei Überhangmandate der CSU.

Die Frage nach der Reformbedürftigkeit hat zum Streit vor dem Bundesverfassungsgericht geführt, das sich inhaltlich erstmals im Jahr 2008 mit dem sogenannten Problem des „negativen Stimmgewichts" auseinandergesetzt hat. Dabei geht es um ein basales Prinzip der Wahlrechtsgleichheit, hier des gleichen Erfolgswerts: Wählerstimmen für eine Partei dürfen sich nicht nachteilig auf eine Partei in Form von Mandatsverlust – und damit gegen den Wählerwillen auswirken. Ebenso wenig sollten Stimmen, die nicht für eine Partei abgegeben worden sind, vorteilhaft für die Partei sein. Beide Varianten widersprechen elementaren Gerechtigkeitsvorstellungen. Dieser Auffassung haben sich die Verfassungsrichter angeschlossen. Gleichwohl steckt der Teufel im Detail. Allgemein gesagt, wird das Problem durch den Verbund der Landeslisten für die Berechnung der der Zweitstimmen befördert (siehe dazu die Beispielrechnung im Anhang). Die Kompromisslösung, die der Gesetzgeber schließlich gefunden hat, entschärft zwar das Problem des negativen Stimmgewichts, schafft aber neue Probleme. Insbesondere besteht die Gefahr, dass das Parlament durch zusätzliche Ausgleichsmandate aufgebläht wird.

Überhangmandate entstehen zumeist dann, wenn eine Partei die Konkurrenz dominiert, aber deutlich unterhalb der absoluten Mehrheit aller Stimmen bleibt. In einer solchen Konstellation steigt die Wahrscheinlichkeit, dass der Anteil an Direktmandaten dieser Partei über ihrem Zweitstimmenergebnis liegt. Im deutschen Parteiensystem ist der Zuwachs an Überhangmandaten ein Prozess, der parallel zur Erosion der Volksparteien verläuft. Für die sinkende Zustimmung der Wähler zu den großen Volksparteien gibt es verschiedene Erklärungen (siehe das Kapitel über die Wahltheorien). Die Erosion der klassischen Wählermilieus hat beispielsweise Auswirkungen auf die Stammwählerschaft der Volksparteien. So schrumpft die gewerkschaftlich organisierte Industriearbeiterschaft, das klassische Wählerklientel der Sozialdemokraten, seit Jahren. Die abnehmende Zahl der Kirchenmitglieder lässt die Zahl treuer Unionsanhänger sinken. Gleichzeitig führt die zunehmende Pluralisierung und Individualisierung der Gesellschaft auch zu einer Auffächerung des Parteienspektrums, was sich durch eine größere Anzahl von Parteien in den einzelnen Parlamenten auszeichnet. Tabelle 9 zeigt die Entwicklung der Struktur des deutschen Parteiensystems. Gab es zu Beginn der Bundesrepublik noch zehn Parteien im Deutschen Bundestag, so ist es danach den Volksparteien (insbesondere der Union) gelungen, kleinere Parteien bzw. die vertretenen Wählergruppen zu integrieren. In der Phase von 1961 bis 1983 gab es nur noch drei Parteien (CDU/CSU, SPD und FDP) im Parlament, erst durch die Grünen erweiterte sich das Spektrum wieder. Nach 1990 hat sich schließlich nach gewissen Schwankungen die Linke als fünfte Partei etabliert:

Tabelle 9: Phasen in der Entwicklung des (west-) deutschen Parteiensystems

	1949-1961	1961-1983	1983-1990	Seit 1990
Durchschnittliche Anzahl an Parteien	›5	3	4	5
Anteil der Volksparteien (SPD + CDU/CSU)	72,1%	87,8%	84,2%	72,4%

Eine ähnliche Entwicklung ist auch in den Bundesländern zu beobachten (Tabelle 10). In den meisten westdeutschen Ländern existierte 1990 ein Vierparteiensystem aus CDU, SPD, FDP und den Grünen. In den neunziger Jahren fiel die FDP aus den meisten Landesparlamenten heraus, erst nach Jahren der Opposition eroberten sich die Liberalen ihre Sitze zurück. Mit der Gründung der Linken ab 2005 zog schließlich eine fünfte Partei in die Volksvertretungen ein. Ungeachtet der Unterschiede ist auch in den meisten ostdeutschen Ländern mittlerweile eine Entwicklung zum Fünfparteiensystem zu erkennen.

Tabelle 10: Zahl der im Landtag vertretenen Parteien (Beispiele: Niedersachen, Thüringen)

	1990	1995	2000	2005	2010	2013
Niedersachsen	4	3	3	4	5	4
Thüringen	5	3	3	3	5	5

Landtagswahl: Beispiel Thüringen

Auf der Ebene der sechzehn Bundesländer bestimmen die Wähler alle fünf Jahre (in den Stadtstaaten Bremen und Hamburg alle vier Jahre) ihre Abgeordneten für die verschiedenen Landtage bzw. die Bürgerschaft in den Hansestädten und das Abgeordnetenhaus in Berlin (siehe Tabelle 35). Das Wahlrecht und das Wahlsystem der Landtagswahlen orientieren sich dabei größtenteils an den Vorschriften zur Bundestagswahl (siehe Tabelle 36). Der Landtag des Freistaates Thüringen besteht aus mindestens 88 Abgeordneten, die alle fünf Jahre, zuletzt am 30. August 2009, neu bestimmt werden. Wahlberechtigt sind alle Deutschen, die das 18. Lebensjahr vollendet haben und seit mindestens drei Monaten ihren Hauptwohnsitz oder Lebensmittelpunkt in Thüringen haben. Das passive Wahlrecht besitzen alle Volljährigen, die mindestens seit einem Jahr in Thüringen leben. Analog zur Bundestagswahl hat der Wähler auch bei der Landtagswahl zwei Stimmen, eine Wahlkreis- und eine Landesstimme.

Mit der *Wahlkreisstimme* entscheiden sich die Wähler in insgesamt 44 Wahlkreisen für jeweils einen Kandidaten, der nach den Grundsätzen der relativen Mehrheitswahl bestimmt wird. Die *Landesstimme*, die für die Landesliste einer Partei abgegeben wird, ist entscheidend für die Gesamtverteilung aller Sitze auf Landesebene. Diese Verteilung wird unter all jenen Parteien durchgeführt, die – entsprechend der Sperrklausel im Bund – mindestens 5% der gültigen Stimmen auf Landesebene erhalten haben. Parallel zur Bundestagswahl werden auch bei der Thüringer Landtagswahl von den Sitzen, die auf die Landeslisten entfallen, die direkt gewonnenen Sitze abgezogen.

2004 eroberte die CDU 39 ihrer 45 Parlamentssitze über Direktmandate und die inzwischen umbenannte PDS fünf von 28; 2009 gewann die Union jedoch nur noch 28 Wahlkreise direkt, während die Linke 14 und die SPD 2 Direktmandate erreichte. Auch in Thüringen ist es möglich, dass es zu Überhangmandaten kommt. Bei der Thüringer Landtagswahl werden Überhangmandate durch Erhöhung der Gesamtzahl der Sitze so ausgeglichen, dass die proportionale Verteilung der Verhältniswahl gewahrt bleibt. Zur Veranschaulichung genügt ein Blick auf das Ergebnis der Thüringer Landtagswahl 2009: Die 88 Landtagsmandate wurden mit Hilfe des

Verfahrens nach Hare/Niemeyer ermittelt. 85 Sitze konnten nach ganzen Zahlen verteilt werden. Die CDU erhielt 30 Mandate, die Linke 26, die SPD 17, die FDP sieben und die Grünen fünf Mandate. Die höchste Nachkommastelle entschied über die Vergabe der letzten Sitze im Parlament, und zwar zugunsten der Grünen, der SPD und der Linken (Tabelle 11).

Tabelle 11: Landtagswahlergebnis in Thüringen 2009

	Stimmenzahl	Q	Sitze	WM	LM
CDU	329.302	30,21	30	28	2
PDS/Linke	288.915	26,51	27	14	13
SPD	195.363	17,93	18	2	16
FDP	80.600	7,40	7	0	7
B'90/Grüne	64.912	5,96	6	0	6
Gesamt	959.092		88	44	44

Legende: Q = Quotient nach Hare-Niemeyer – ganze Zahlen entsprechen Sitzen, WM = Wahlkreismandat, LM = Listenmandat.

Kommunalwahlen: Beispiel Thüringen

Der Begriff Kommunalwahl fasst die Wahlen unterhalb der Ebene der Bundesländer zusammen. In aller Regel fallen hierunter die Wahlen zu den Gebietskörperschaften, also den Kreistagen, den Stadt- und Gemeinderäten, aber auch die Wahlen zu den hauptamtlichen (Ober-) Bürgermeistern und Landräten. Je nach Bundesland kann es auch weitere Ebenen geben, wie beispielsweise Regional- oder Landschaftsverbände, deren Gremien und Funktionäre durch Wahlen bestimmt werden. Die Kommunalwahlen in Thüringen stehen im Folgenden im Mittelpunkt der Betrachtung.

Die Oberbürgermeister und Bürgermeister der Städte und Gemeinden sowie die Landräte der Landkreise werden nach den Prinzipien der Mehrheitswahl gewählt. Jeder Wähler kann sich mit seiner Stimme für einen Kandidaten entscheiden. Dabei galt bis 2009 das Prinzip der (germanischen) absoluten Mehrheitswahl: Es bestimmt, dass die beiden Kandidaten, die die meisten Stimmen auf sich vereinigen können, in einer Stichwahl gegeneinander antreten, sofern keiner der Kandidaten zuvor mehr als 50% der Stimmen erhalten hat. Von 2009 bis 2010 galt für die Direktwahlen das

Prinzip der relativen Mehrheitswahl, eingeführt von der CDU-Landesregierung, nachdem die CDU in den Stichwahlen des Jahres 2006 beinahe flächendeckend gegen die Kandidaten der Oppositionsparteien verloren hatte. Die neue Landesregierung hat 2010 die Stichwahl wieder eingeführt.

Die Wahlen zu Stadt- und Gemeinderäten bzw. den Kreistagen finden als Verhältniswahl mit offenen Listen statt. Offene Liste bedeutet, dass der Wähler darauf Einfluss hat, welcher Kandidat einer Liste in das jeweilige Gremium einzieht. Jeder Wähler hat drei Stimmen, die er auf unterschiedliche Art vergeben kann. Er kann seine drei Stimmen einem einzelnen Kandidaten geben, man spricht hier vom *Kumulieren*:

Vorschlag 1			
☐	*Partei A*		
Anne Musterfrau	☒	☒	☒
Bernd Muster	☐	☐	☐
Claudia Müller	☐	☐	☐
Daniel Mayer	☐	☐	☐
Emilia Schneider	☐	☐	☐

Vorschlag 2			
☐	*Partei B*		
Andreas Schulze	☐	☐	☐
Beate Schmidt	☐	☐	☐
Carl Lager	☐	☐	☐
Doris Becker	☐	☐	☐
Ernst Lang	☐	☐	☐

Der Wähler kann seine Stimmen aber auch auf verschiedene Kandidaten, auch verschiedener Parteien, verteilen und so seinem Wählerwillen Ausdruck verleihen:

Vorschlag 1			
☐	*Partei A*		
Anne Musterfrau	☒	☐	☐
Bernd Muster	☐	☐	☐
Claudia Müller	☐	☐	☐
Daniel Mayer	☒	☐	☐
Emilia Schneider	☐	☐	☐

Vorschlag 2			
☐	*Partei B*		
Andreas Schulze	☐	☐	☐
Beate Schmidt	☐	☐	☐
Carl Lager	☒	☐	☐
Doris Becker	☐	☐	☐
Ernst Lang	☐	☐	☐

Schließlich kann er auch einfach eine Liste ankreuzen. In diesem Falle bekommen die ersten drei Kandidaten in der Reihenfolge auf dem Stimmzettel jeweils eine Stimme. Doch auch hier hat der

Wähler noch die Möglichkeit, die vorgegebene Reihung zu verändern, indem er einen Kandidaten von der Liste streicht. Im folgenden Beispiel bekäme etwa Doris Becker statt der gestrichenen Beate Schmidt eine Stimme:

Vorschlag 1			
☐	*Partei A*		
Anne Musterfrau	☐	☐	☐
Bernd Muster	☐	☐	☐
Claudia Müller	☐	☐	☐
Daniel Mayer	☐	☐	☐
Emilia Schneider	☐	☐	☐

Vorschlag 2			
☒	*Partei B*		
Andreas Schulze	☐	☐	☐
~~Beate Schmidt~~	☐	☐	☐
Carl Lager	☐	☐	☐
Doris Becker	☐	☐	☐
Ernst Lang	☐	☐	☐

Für die endgültige Sitzverteilung werden die Stimmen aller Kandidaten pro Liste addiert und die Sitze dann auf die Liste nach Hare-Niemeyer verteilt. Innerhalb der Liste werden die Sitze dann nach der persönlichen Stimmenzahl der Kandidaten verteilt; die Reihung auf der Liste durch die jeweilige Partei kann also vom Wähler verändert werden. Aufgrund dieser unterschiedlichen Möglichkeiten verfügt der Wähler in Thüringen bei den Kommunalwahlen über einen verhältnismäßig großen Einfluss auf die Zusammensetzung des zu wählenden Gremiums.

Europäische Wahlsysteme

Die Wahlsysteme in Europa sind ähnlich vielfältig wie die europäischen Sprachen. In den folgenden Abschnitten werden Wahlsysteme ausgewählter Länder vorgestellt, die für einen bestimmten Typus charakteristisch sind: Großbritannien und Frankreich stehen Pate für die relative bzw. absolute Variante der Mehrheitswahl. Die reine Verhältniswahl wird repräsentiert durch Schweden, während an Italien und Spanien gezeigt wird, wie zusätzliche Regelungen die Grundtendenz der Verhältniswahl begrenzen und verändern. Irland besitzt mit seinem Single Transferable Vote-Verfahren schließlich ein Wahlsystem eigener Art, das Elemente der Mehrheits- und Verhältniswahl verbindet.

Relative Mehrheitswahl: Großbritannien

Großbritannien ist das klassische Beispiel für die relative Mehrheitswahl. Gewählt werden 650 Abgeordnete für das britische House of Commons (Unterhaus) in Einmannwahlkreisen. Jeder Wähler hat eine Stimme, der Kandidat mit den meisten Stimmen ist gewählt. Ein Quorum muss nicht erfüllt werden, einen zweiten Wahlgang gibt es folglich nicht. Das politische System Großbritanniens gilt als Prototyp der Konkurrenzdemokratie. Während in anderen Staaten schon durch das Wahlverfahren (in der Regel mithilfe des Verhältniswahlrechtes) versucht wird, möglichst alle relevanten gesellschaftlichen Gruppen zu berücksichtigen, so steht in Großbritannien die Handlungsfähigkeit des Parlaments durch die Mandatsmehrheit einer Partei im Vordergrund.

Die Tabelle 12 verdeutlicht für die letzten 25 Jahre, in welchem Maße das Wahlrecht diesem Ziele dient. Obwohl keine der beiden großen Parteien, Labour und die Konservativen, auch nur ansatzweise eine absolute Mehrheit der Stimmen gewannen, konnten sich die Regierungen bis 2010 jeweils auf stabile Mehrheiten im Parlament stützen. Nach der letzten Wahl 2010 musste die Konservative Partei erstmals eine Koalitionsregierung mit den Liberaldemokraten bilden.

Tabelle 12: Mehrheitsbildende Kraft des relativen Mehrheitswahl rechts (Beispiel: England)

Jahr	Siegreiche Partei	Anteil der Stimmen	Anteil der Sitze	Sitze (abs.)
1987	Konservative	42,2 %	57,8 %	376 von 650
1992	Konservative	41,9 %	51,6 %	336 von 651
1997	Labour	43,2 %	63,4 %	418 von 659
2001	Labour	40,7 %	62,7 %	413 von 659
2005	Labour	35,3 %	55,2 %	356 von 646
2010	Konservative	36,1 %	47,2 %	307 von 650

Dieses mehrheitsbildende Element stellt gleichzeitig jedoch den Hauptansatzpunkt der Kritik am britischen Wahlsystem dar: Die Disproportionalität des Wahlsystems kann zur Umkehr des Stimmenverhältnisses führen: 1951 eroberten die Konservativen die absolute Mehrheit der Parlamentsmandate, obwohl Labour mehr Stimmen gewann. 1974 war es genau andersherum: Labour errang die Mehrheit der Sitze, die Konservativen aber die Mehrheit der Wähler. Ein weiterer disproportionaler Effekt des britischen Mehrheitswahlrechtes ist die Benachteiligung mittelgroßer Parteien ohne regionale Schwerpunkte. Labour und die Konservativen benötigen durchschnittlich knapp 33 tausend bzw. rund 35 tausend Stimmen pro Parlamentsmandat, bei den Liberaldemokraten hingegen liegt der Schnitt mit über 119 tausend drastisch höher (Tabelle 13).

Tabelle 13: Unterschiede im Verhältnis Stimmen pro Sitz bei der Wahl 2010

Partei	Anteil der Stimmen	Zahl der Stimmen	Zahl der Sitze	Stimmen pro Sitz
Conservative	36,1 %	10.726.614	307	34940
Labour	29,0 %	8.609.527	258	33370
Liberal Democrat	23.0 %	6.836.824	57	119944
SNP	1,7 %	491.386	6	81897
DUP	0,6 %	168.216	8	21027
PC	0,6 %	165.394	3	55131

Nicht alle Parteien sind aufgeführt.

Verglichen mit den Liberaldemokraten erzielen kleinere Parteien mit regionalen Schwerpunkten – wie die Scottish National Party (SNP), Plaid Cymru (PC) in Wales oder die Democratic Unionist Party (DUP) in Nordirland – erheblich niedrigere Stimmwerte. Sie bündeln jedoch ihr Stimmenpotential in einigen ausgewählten Wahlkreisen und sind dort mehrheitsfähig. Ihre Ausbeute an Mandaten im Parlament ist damit im Vergleich zu den Liberaldemokraten erheblich besser; denn diese treten im ganzen Königreich ohne regionalen Schwerpunkt an und können nur vereinzelt Sitze gewinnen.

Absolute Mehrheitswahl: Frankreich

Auch die französische Nationalversammlung wird nach den Grundsätzen der Mehrheitswahl in Einmannwahlkreisen gewählt, jeder Wähler kann also eine Stimme für einen Kandidaten seines Wahlkreises vergeben. Im Gegensatz zu Großbritannien reicht jedoch nicht die relative Mehrheit der Stimmen zum Mandatsgewinn, sondern ein Kandidat muss die absolute Mehrheit der abgegebenen Stimmen und dabei mindestens 25% aller Wahlberechtigten erhalten, sonst findet ein zweiter Wahlgang statt. Im Gegensatz zur germanischen absoluten Mehrheitswahl, in der die beiden bestplatzierten Bewerber gegeneinander in der Stichwahl antreten, wird in Frankreich die romanische absolute Mehrheitswahl angewandt. Hier qualifizieren sich neben den beiden Bestplatzierten all jene Kandidaten für den zweiten Wahlgang, die mindestens 12,5% der Stimmen aller Wahlberechtigten im jeweiligen Wahlkreis erhalten haben. Es ist also durchaus möglich, dass es in der Stichwahl zur Begegnung von drei oder gar vier Kandidaten kommt.

In aller Regel tritt ein Kandidat der Linken gegen einen Kandidaten der Rechten an. Sollte es auf einer Seite zwei qualifizierte Bewerber geben, zum Beispiel ein Kommunist der PCF (Parti communiste français) und ein Sozialist der PS (Parti socialiste) für die Linke, so zieht der schwächere Kandidat zurück. Ein Beispiel für ein *triangulaire* bei der letzten Parlamentswahl 2012 ist die Wahlentscheidung im Wahlkreis Pyrénées-Atlantiques 2 (Tabelle 14). Hier kam es im zweiten Wahlgang zur Entscheidung zwischen einem Sozialisten der PS, einem Vertreter der konservativen UMP (Union pour un mouvement populaire) und schließlich eines Kandidaten des bürgerlich-liberalen Modem (Mouvement démocrate), welche die Vertreterin der Sozialisten gewann:

Tabelle 14: Funktionsweisen des absoluten Mehrheitswahlrechts (Beispiel: Parlamentswahlen 2007 in Frankreich, Wahlkreis Pyrénées-Atlantiques 4)

Kandidat/in	Partei	*1. Wahlgang*			*2. Wahlgang*	
		Stimmenzahl (Abs.)	Exprimès* %	Inscrits**%	Stimmenzahl (Abs.)	Exprimès* (%)
Nathalie Chabanne	PS	16.761	34,90	21,57	20.090	42,78
François Bayrou	Modem	11.348	23,63	14,60	14.169	30,17
Eric Saubatte	UMP	10.432	21,72	13,42	12.700	27,04
Jessica Bernadez	Front National	4.477	9,32	5,76	—	—
Daniel Labouret	Front de Gauche	2.516	5,24	3,23	—	—

Nur die fünf bestplatzierten Kandidaten wurden aufgeführt. *Exprimés* bezeichnet die abgegebenen Stimmen. **Inscrits* die eingeschriebenen Wähler, unabhängig davon, ob sie wählen waren oder nicht.

Insgesamt wirkt das französische Wahlsystem ähnlich mehrheitsbildend wie das britische System. Das Erfordernis der absoluten Mehrheit führt jedoch dazu, dass im ersten Wahlgang eine Vielzahl von Parteien antreten, die sich (spätestens) im zweiten Wahlgang größeren Wahlbündnissen („Blöcken") einfügen müssen, um weiterhin eine Chance auf den Wahlerfolg zu haben. Daher gruppieren sich um die beiden großen Parteien PS und UMP jeweils kleinere Parteien herum, die eine bestimmte (zusätzliche) Wählerklientel ansprechen.

Wahlabsprachen zwischen den Bündnispartnern sorgen dafür, dass kleinere Parteien die größeren unterstützen, um landesweit die Mehrheit zu erringen, und als Gegenleistung eine angemessene Zahl „sicherer" Wahlkreise für ihre Kandidaten erhalten. Die parlamentarische Linke (Gauche parlamentaire) setzt sich beispielsweise neben den Sozialisten aus den Grünen, Linksliberalen und weiteren kleinen Gruppierungen und Einzelbewerbern zusammen. Eine Partei wie die rechtsextreme Front National, die aufgrund ihres radikalen Standpunkts keine Koalitionspartner findet, ist kaum in der Lage, Sitze zu gewinnen. Schwierig ist es auch für eine Partei wie das Mouvement Démocrate, die versucht, eigenständig zwischen den beiden großen Blöcken zu kandidieren. Obwohl diese Partei zur politischen Mitte Frankreichs zählt, gelingt es ihr nur in wenigen Wahlkreisen, die Mehrheit der Stimmen zu erlangen und die Kandidaten des linken bzw. rechten Blockes zu besiegen. Die Tabelle 15 verdeutlicht dies anhand der benötigten Stimmenzahl pro Partei.

Tabelle 15: Mehrheitsbildende Kraft des absoluten Mehrheitswahlrechts bei der Wahl 2012					
Partei/Parteienbündnis	Stimmen im ersten Wahlgang		Stimmen nach beiden Wahlgängen		Stimmen pro Sitz
	Abs.	%	Abs.	%	Abs.
Parlamentarische Linke	10.347.043	39,9	331	57,4	31.260
Parlamentarische Rechte	8.994.349	34,7	229	39,7	39.277
Front National	3.528.663	13,6	2	0,3	1.764.332
Front de Gauche (u.a. Kommunisten)	1.793.192	6,9	10	1,7	179.319
Modem – Le Centre pour la France	458.098	1,8	2	0,3	229.049

Verhältniswahl: Skandinavien

Die Parlamente Skandinaviens werden nach dem Grundsatz der Verhältniswahl bestimmt. Drei Punkte sind dabei für die nordischen Wahlsysteme charakteristisch: Erstens eine möglichst genaue Übersetzung der Wählerstimmen in Mandate (relativ niedrige Sperrklauseln), zweitens die Berücksichtigung territorialer Repräsentation durch regionale Mehrpersonenwahlkreise, und drittens die Möglichkeit der Präferenzstimmgebung. Ein Beispiel bieten die Wahlen zum schwedischen Reichstag (Tabelle 16): Die 349 Abgeordneten werden von schwedischen Wählern alle vier Jahre gewählt. Schweden ist dabei in 29 Wahlkreise mit jeweils 2 bis 36 Sitzen pro Wahlkreis (nach der Bevölkerungszahl gestaffelt) eingeteilt. Insgesamt setzt sich der Reichstag aus 310 Wahlkreissitzen und 39 Ausgleichsmandaten zusammen. Jeder Wähler hat eine Stimme, mit welcher er entweder eine Parteiliste oder eine Person auf einer Parteiliste wählt und so seine Präferenz für einen bestimmten Kandidaten ausdrücken kann. An der Stimmenverteilung nehmen alle Parteien teil, die auf nationaler Ebene mindestens 4% oder auf Wahlkreisebene 12% der Stimmen erhalten haben.

Tabelle 16: Verteilung der sechs Wahlkreissitze durch Verhältniswahl (Beispiel: Schweden, Provinz Kronoberg 2002)

Divisoren	Moderate Sammlungs- partei	Sozialdemo- kraten	Zentrums- partei	Christdemo- kraten
Stimmen	15.200	43.696	11.746	11.695
:1,4	10.857 (3)	31.211 (1)	8.390 (5)	8.354 (6)
:3	5.067	14.565 (2)	3.915	3.898
:5	—	8.739 (4)	—	—
:7	—	6.242	—	—
:9	—	—	—	—

Nur die vier stimmstärksten Parteien sind aufgeführt.

In einem ersten Schritt werden die Sitze in den Wahlkreisen mit Hilfe eines Divisorverfahrens verteilt (siehe Tabelle 17). Bei dieser skandinavischen Methode kommt eine modifizierte Divisorenreihe (1,4:3:5:7:9...) zur Anwendung. Im Gegensatz zur Reihe (1:2:3: 4:5...), wie es bei d'Hondt angewandt wird, gleicht die modifizierte Variante die Benachteiligung kleinerer Parteien aus. In einem zweiten Schritt werden die Sitze auf nationaler Ebene (also 310 Wahlkreise plus 39 Ausgleichsmandate) auf alle Parteien mit mehr als 4% der Stimmen verteilt. Von den hier gewonnenen Sitzen werden die Wahlkreismandate abgezogen, zusätzliche Sitze werden auf die Wahlkreise mit den höchsten Restquotienten verteilt. In den Wahlkreisen werden die Mandate grundsätzlich in der Reihenfolge der Parteilisten auf die Kandidaten verteilt. Eine Ausnahme bilden all jene Kandidaten, die mindestens 8% der Parteistimmen in einem Wahlkreis als persönliche Präferenzstimme bekommen haben, diese werden zuerst in der Reihenfolge ihrer Stimmen berücksichtigt. Das schwedische Wahlsystem verbindet also die Vorzüge der Verhältniswahl (Spiegelung des Stimmen- in das Sitzverhältnis) mit Elementen regionaler und persönlicher Bindung der Abgeordneten an ihre jeweilige Wählerschaft.

Verhältniswahl mit Mehrheitsprämie: Italien

Das derzeitige italienische Wahlrecht stellt eine Reaktion auf die zahlreichen Regierungskrisen der Nachkriegszeit dar, die u.a. durch instabile Mehrheitsverhältnisse im Parlament verursacht worden sind. Das aktuelle Wahlsystem kann am einfachsten als Verhältniswahlsystem mit Mehrheitsprämie charakterisiert werden. Es verbindet den Grundgedanken der Verhältniswahl, der möglichst genauen Übertragung der Stimmen in das Sitzverhältnis, mit dem Wunsch nach stabilen Mehrheitsverhältnissen. Die italienischen Wähler bestimmen insgesamt 630 Repräsentanten für die Abgeordnetenkammer und 315 für den Senat. Im Folgenden soll die Wahl der Abgeordnetenkammer im Vordergrund der Betrachtungen stehen. Jeder Wähler kann eine Stimme für die Liste einer Partei bzw. einer Parteienkoalition abgeben. Italien ist dabei in Wahlkreise eingeteilt, die jedoch für die Ermittlung des Gesamtergebnisses keine Rolle spielen. Die Verteilung von 617 Sitzen (dreizehn weitere werden in einer autonomen Provinz und unter den Auslandsitalienern vergeben) verläuft in folgenden Schritten:

1. Zuerst werden die Stimmen für alle Parteien und Parteienkoalitionen in allen regionalen Wahlkreisen addiert, um so die größte Partei bzw. Koalition zu identifizieren.
2. In einem nächsten Schritt werden die Sitze vorläufig an alle Parteien verteilt, die die Sperrklauseln überwunden haben. Es gilt eine Hürde von 4% für allein antretende Parteien und Listen und eine Hürde von 10% für Parteienkoalitionen. Innerhalb dieser Koalitionen werden nur die Parteien berücksichtigt, die mindestens 2% der Stimmen erhalten haben. Zusätzlich nimmt die Liste an der Verteilung teil, welche die meisten Stimmen unter all jenen Parteien erhalten hat, die die 2%-Hürde innerhalb der

Parteienkoalitionen nicht überschritten haben. Für Parteien nationaler Minderheiten gibt es Sonderregelungen.

3. Erhält die stärkste Partei/Koalition nicht mindestens 340 Sitze, so werden ihr 340 Sitze zugeteilt und die übrigen 277 Mandate auf die anderen Parteien verteilt.

4. In einem letzten Schritt werden die Mandate pro Partei auf regionale Wahlkreise verteilt, die aber keine Relevanz für die Stimmverteilung auf nationaler Ebene besitzen.

Die Parlamentswahlen 2013 bieten reichlich Anschauung für die Funktionsweise dieses Wahlsystems (siehe Tabelle 17): Wichtigste Bewerber waren das Mitte-Rechts-Bündnis um Silvio Berlusconi,

Partei / Koalition	Stim-menan-teil	Zahl der Stimmen	Vorläufige Verteilung der NZ*	MZ nach MP	MZ nach MP in %
Tabelle 17: Sitzverteilung nach Verhältniswahl mit Mehrheitsprämie (Beispiel: Wahl zur italienischen Abgeordnetenkammer 2013)					
Bersani	*29,55*	*10.047.808*	*192*	*340*	*55,1*
PD	25,42	8.644.523		292	47,3
SEL	3,20	1.089.409		37	6,0
CD	0,49	167.072		6	1,0
SVP	0,46	164.804		5	0,8
Berlusconi	*29,18*	*9.922.850*	*190*	*124*	*20,1*
PdL	21,56	7.332.972		97	15,7
Lega Nord	4,08	1.390.014		18	2,9
kleinere Parteien	3,54	1.199.864		9	1,5
Movimento 5 Stelle	25,55	8.689.458	166	108	17,5
Monti	*10,56*	*3.591.607*	*69*	*45*	*7,3*
SC	8,30	2.824.065		37	6,0
UDC	1,78	608.210		8	1,3
FLI	0,46	159.332			
Gesamt	100,00	34.002.524	617	617	100

Nicht alle kleinen Parteien sind aufgeführt. Legende: MZ = Mandatszahl, MP = Mehrheitsprämie
*Eigene Modellrechnung

das sich u.a. aus seiner Partei der PdL (Popolo della Libertà) und der separatistischen Lega Nord zusammensetzte, sowie die Mitte-Links-Koalition um Pier Luigi Bersani, gebildet aus dem PD (Partito Democratico), der linksökologischen SEL und kleineren zentristischen Parteien. Weitere Parteien von Belang waren die 5-Sterne-Bewegung um Beppo Grillo und das zentristische Bündnis um den amtierenden Ministerpräsidenten Mario Monti.

Die Sperrklausel wurde nur von den drei Koalitionen sowie dem Movimento 5 Stelle überwunden. Rechnerisch hätten der siegreichen Koalition um Pier Luigi Bersani nur 192 Mandate im Parlament zugestanden. Durch die Mehrheitsprämie erlangte die neue Koalition 340 Sitze und besitzt damit im Abgeordnetenhaus eine stabile Parlamentsmehrheit. Die übrigen 277 Mandate verteilen sich proportional auf die Parteien der Opposition.

Verhältniswahl in Mehrpersonenwahlkreisen: Spanien

Nach der Überwindung der Franco-Diktatur und der nachfolgenden Demokratisierung in den 1970er-Jahren entschied man sich in Spanien für die Einführung des Verhältniswahlrechtes. Die spanische Variante liefert dabei ein Beispiel, dass auch ein Verhältniswahlrecht mehrheitsbildende und verzerrende Wirkungen zeitigen kann, und zwar auch ohne dafür entsprechende Instrumente wie einer Mehrheitsprämie zu bedürfen.

Das Besondere am spanischen Wahlsystem ist, dass die 350 Mitglieder des Abgeordnetenhauses nicht auf nationaler Ebene bestimmt werden, sondern in 52 Wahlkreisen gewählt werden, die deckungsgleich mit den spanischen Provinzen sind. In jeder Provinz werden mindestens zwei Abgeordnete gewählt, eine Ausnahme bilden Ceuta und Melilla, zwei spanische Exklaven auf dem marokkanischen Festland, in denen jeweils ein Kandidat in relativer Mehrheitswahl ermittelt wird. Die restlichen 248 Sitze werden nach der Bevölkerungsgröße auf die Provinzen verteilt, so dass es Wahlkreise in der Größe von zwei bis hin zu 32 (Madrid) bzw. 33 Sitzen (Barcelona) in den städtischen Ballungsgebieten gibt. Der Durchschnittswert liegt bei ca. sieben Abgeordneten pro Provinz. Durch die garantierten zwei Mandate gibt es eine Bevorzugung einwohnerarmer, ländlicher Provinzen.

Innerhalb dieser Wahlkreise werden die Sitze nach den Grundsätzen der Verhältniswahl mit Hilfe der d'Hondtschen Methode verteilt. Es gilt eine Drei-Prozent-Hürde, die jedoch nur in den vier größten Wahlkreisen relevant wird, da in kleineren Wahlkreisen schon die natürliche Hürde für ein Mandat viel höher liegt. Ein Beispiel: Treten in einem Wahlkreis mit drei zu vergebenden Sitzen (Drei-Mann-Wahlkreis) vier Parteien an, bei der Partei A 27%, Partei B 26%, Partei C 24% und Partei D 23% der Wählerstimmen erreichen, erringt Partei D kein Mandat. Die Drei-Prozent-Hürde ist hier für die Mandatsverteilung unerheblich. In Verbindung mit dem Vorteil für größere Parteien, der allgemein d'Hondt zugeschrieben wird, vervielfacht dieses System die positiven Effekte für die Großparteien. Deutlich wird dies, wenn man auf die Zahl der Stimmen pro Sitz schaut, die die einzelnen Parteien bei der letzten Wahl 2011 benötigten (Tabelle 18). Die sozialdemokratische PSOE (Partido Socialista Obrero Español) und die konservative PP (Partido Popular) brauchten jeweils rund 60.000 Stimmen. Ähnliche Werte zeigen Regionalparteien Kataloniens und des Baskenlandes – CiU (Convergència i Unió) und deutlich bevorzugt Amaiur –, die in ihren Gebieten meist die stärksten Parteien sind. Die kleineren Parteien auf nationaler Ebene, die linke IU-LV (Izquierda Unida – Los Verdes) oder die liberale UPyD (Unión Progreso y Democracia), schaffen es hingegen kaum, Mandate zu erhalten:

Tabelle 18: Verhältniswahl in Mehrmannwahlkreisen (Beispiel: Spanien 2011)					
	Abgegebene Stimmen		Mandate		Stimmen pro Sitz
Partei	Abs.	%	Abs.	%	
PP	10.866.566	44,6	186	53,1	58422
PSOE	7.003.511	28,8	110	31,4	63668
IU-LV	1.686.040	6,9	11	3,1	153276
UPyD	1.143.225	4,7	5	1,4	228645
CiU	1.015.691	4,2	16	4,6	63481
Amaiur	334.498	1,4	7	2,0	47785
Gesamt			350		

Es sind nur die wichtigsten Parteien aufgeführt.

Der mehrheitsbildende Effekt des Wahlsystems wird deutlich, wenn man den Stimmenanteil der siegreichen Partei mit dem Anteil an den Parlamentsmandaten vergleicht (Tabelle 19). So konnte die PSOE 1989 mit einem Anteil von 39,6% der Stimmen genau die Hälfte der Sitze erreichen. Insgesamt gab es seit 1982 fünfmal absolute Sitzmehrheiten, ohne dass eine Partei auch nur einmal (mehr als) 50% der Stimmen erhalten hätte.

Tabelle 19: Übersicht über den mehrheitsbildenden Effekt der Verhältniswahl in Mehrmannwahlkreisen (Beispiel: Spanien 1982-2011)

Jahr	Siegreiche Partei	Anteil der Stimmen (in %)	Anteil der Sitze (in %)	Sitze (abs.)
1982	PSOE	48,2	57,7	202
1986	PSOE	44,1	52,6	184
1989	PSOE	39,6	50,0	175
1993	PSOE	38,8	45,4	159
1996	PP	38,9	44,6	156
2000	PP	45,2	52,3	183
2004	PSOE	42,6	46,9	164
2008	PSOE	43,9	48,3	169
2011	PP	44,6	53,1	186

Die disproportionalen Effekte des spanischen Wahlrechts sind vorrangig der Durchführung in kleinen Wahlkreisen geschuldet. Die generellen Wirkungen der d'Hondtschen Methode spielen zwar auch eine Rolle, doch auch hier ist der entscheidende Faktor eben die 52-fache Anwendung in allen Wahlkreisen.

Single Transferable Vote: Irland

Das irische Wahlsystem kann als Verhältniswahlrecht mit übertragbarer Einzelstimme in kleineren Mehrpersonenwahlkreisen bezeichnet werden. Hinter diesem komplizierten Namen verbirgt sich ein Wahlsystem, das dem Wähler einen erheblichen Einfluss auf die Kandidatenauswahl einräumt. Dieser hat zwar auch in Irland nur eine Stimme, die er einem Kandidaten geben kann, doch er kann entscheiden, was mit seiner Stimme geschieht, sollte „sein" Kandidat nicht zu den Erfolgreichen gehören.

Das irische Parlament setzt sich aus 166 Abgeordneten zusammen. Sie werden in 42 Wahlkreisen gewählt, in denen drei bis fünf Sitzen vergeben werden. Die Größe der Wahlkreise orientiert sich an der Bevölkerung, so dass die Wahlkreise in regelmäßigen Abständen neu zugeschnitten werden müssen. Grundsätzlich wären also auch in Irland, aufgrund der kleinen Wahlkreisgrößen, starke disproportionale Effekte wie in Spanien zu erwarten. Dies wird jedoch vor allem durch das System der so genannten Präferenzstimmen verhindert. In Irland gibt es keine Parteilisten, sondern alle Kandidaten sind alphabetisch auf dem Wahlzettel aufgeführt. Der Wähler hat nur eine Stimme, diese vergibt er aber nicht durch das Ankreuzen eines einzelnen Kandidaten, sondern indem er Präferenzen zuteilt. Neben seinen Favoriten schreibt er „1" (lies: erste Wahl), neben seine zweite Wahl „2" usw. Innerhalb der Wahlkreise werden die Sitze dann nach folgendem System vergeben:

- Zuerst werden die Stimmzettel nach der Erstpräferenz sortiert und ausgezählt.
- Dann wird überprüft, ob ein Kandidat schon mit seinen Erstpräferenzen die Wahlzahl erreicht hat. Diese Wahlzahl Q (auch Droop-Quota genannt), errechnet sich nach folgender Formel: Q = (Zahl der gültigen Stimmen / Zahl der vergebenden Sitze + 1) + 1. Überschreitet ein Kandidat die Wahlzahl, so werden seine überzähligen Stimmen proportional auf die Zweitpräferenzen seiner Wähler verteilt.
- Erreicht keiner der Kandidaten die Wahlzahl, so wird der Kandidat mit den wenigsten Stimmen gestrichen und seine Stimmen proportional auf die Zweitpräferenzen verteilt. Dies wird solange gemacht, bis einer der Kandidaten die Wahlzahl überschreitet. In diesem Falle werden die überzähligen Stimmen wieder auf die nächsten Präferenzen proportional verteilt.
- Dieses Verfahren wird solange wiederholt, bis ausreichend viele Kandidaten die Wahlzahl erreicht haben oder nur noch so viele Kandidaten wie Sitze übrig sind.

Am Beispiel des Wahlkreises „Dublin West" bei der Wahl 2011 soll das Verfahren verdeutlicht werden (siehe Tabelle 20). Hier gab es bei vier Sitzen 42.472 gültig abgegebene Stimmen, sodass die

Wahlzahl Q nach der obigen Formel 8.495 beträgt. Insgesamt kandidierten zehn Kandidaten: zwei Mitglieder der damaligen Regierungspartei Fianna Fail (FF), jeweils zwei Mitglieder der großen Oppositionsparteien Fine Gael (FG) und der Irish Labour Party sowie

Tabelle 20: Single Transferable Vote (Beispiel Irland 2011, Dublin West)					
Auszählungen	1.	2.	3.	4.	5.
Name des Kandidaten	Stimmenanzahl				
Transfer	Überhang Burton	Stimmen Esebamen McGuiness O'Gorman	Stimmen Donnelly	Stimmen Dennison	
Burton, Joan (Labour)	9.627	-1.132 8.495	8.495	8.495	8.495
Dennison, Kieran (FG)	3.190	+58 3.248	+192 3.440	+253 3.693	-3.693 -
Donnely, Paul (SF)	2.597	+49 2.646	+103 2.749	-2.749 -	-
Esebamen, Clement (unabhängig)	280	+8 288	-288 -	-	-
Higgins, Joe (SP)	8.084	+220 8.304	+299 8.603	8.603	8.603
Lenihan, Brian Joseph (FF)	6.421	+73 6.494	+556 7.050	+273 7.323	+966 8.289
McGuiness, David (FF)	623	+8 631	-631 -	-	-
Nutty, Patrick (Labour)	2.686	+500 3.186	-264 3.450	+1.251 4.701	-1.628 6.329
O'Gorman, Roderic (GP)	605	+20 625	-625 -	-	-
Varadkar, Leo (FG)	8.359	+196 8.555	8.555	8.555	8.555
Nicht übertragbare Stimmen	-	-	+130 130	+972 1.102	-1.099 2.201
Gesamt	42.472	42.472	42.472	42.472	42.472

Gewählte Kandidaten sind kursiviert.

drei Kandidaten kleinerer Parteien – Sinn Féin (SF), Green Party (GP) und Socialist Party (SP) – sowie ein Unabhängiger. Im ersten Durchgang erreichte Burtom (Labour) die Wahlzahl Q. In der zweiten Zählung wurde der Überschuss von Burton verteilt; dabei erhielt Varadkar (FG) 196 Stimmen mit der Folge, dass er als zweiter Kandidat die Wahlzahl erreichte. Im dritten Wahlgang wurden die aussichtslosen Kandidaten Esebamen (unabh.), McGuiness (FF) und O'Gorman (GP) gestrichen und ihre Stimmen auf die nächsten Präferenzen verteilt. 130 Stimmen konnten dabei nicht zugeordnet werden, weil die Wähler keine weiteren Präferenzen vergeben haben. In diesem dritten Wahlgang erreichte Higgins (SP) als dritter Kandidat die Wahlzahl Q. Im vierten und fünften Wahlgang wurden die Überschüsse von Donnelly (SF) und Dennison (FG) verteilt, so dass schließlich Lenihan als der letzte Mandatsträger feststand.

Das Wahlsystem sorgt durch das Präferenzstimmensystem tendenziell dafür, dass die disproportionalen Effekte des Wahlrechts nicht so entscheidend sind. So können beispielsweise Parteien, die planen, eine gemeinsame Regierung zu bilden (2011 waren das z.B. Labour und Fine Gael), ihre Wähler auffordern, die weiteren Präferenzen an die jeweils andere Partei zu geben und so keine Stimmen zu verschenken.

Auch unabhängige Kandidaten schaffen es immer wieder, als Abgeordnete gewählt zu werden, sofern es ihnen gelingt, von den Präferenzen anderer Kandidaten zu profitieren. Schlechte Chancen haben hingegen Kandidaten kleinerer nationaler Parteien ohne regionale Schwerpunkte. Typischerweise treten zumindest bei den drei großen Parteien keine allzu großen Differenzen hinsichtlich der benötigten Stimmen pro Sitz auf; weshalb generell davon ausgegangen wird, dass das Präferenzstimmenverfahren disproportionale Effekte der Verhältniswahl in kleinen Wahlkreisen ausgleichen kann. Dass das jedoch nicht immer der Fall ist, veranschaulicht die letzte Wahl (Tabelle 21): Die Disproportionalität im Stimmen-Sitz-Verhältnis zwischen Fianna Fáil und den beiden anderen beiden größeren Parteien Fine Gael und Labour Party ist erheblich.

Tabelle 21: Verhältnis von Stimmen und Sitzverteilung im irischen Single Transferable Vote System

Partei	Stimmen		Mandate		
	Abs.	%	Abs.	%	Stimmen pro Sitz
Fianna Fáil	387.358	17,5	19	11,5	20.387
Fine Gael	801.628	36,1	76	46,1	10.547
Labour Party	431.796	19.5	37	22,4	11.670

Es sind die drei wichtigsten Parteien aufgeführt.

Wahlen zum Europäischen Parlament

Geschichte und Funktion

Die Europäische Union (EU) ist eine politische Errungenschaft, erwachsen aus der Einsicht, dass Frieden und Wohlstand nur durch Kooperation zu erreichen sind. Stand zunächst die Zusammenarbeit in einigen ausgewählten Wirtschaftsbereichen im Vordergrund, hat sich die Integration Europas zu einer politischen Gemeinschaft weiterentwickelt. Damit sind auch die Anforderungen an ein demokratisch regiertes Europa gestiegen. Im Zentrum steht hierbei das Europäische Parlament (EP). Es kann mittlerweile auf eine mehr als 60jährige Geschichte zurückblicken. 1952 eingerichtet als beratende Gemeinsame Versammlung der Europäischen Gemeinschaft für Kohle und Stahl mit nur 78 Abgeordneten aus sechs Nationen entwickelte es sich in mehreren Stufen zur heutigen Größe mit 766 Mitgliedern aus 28 europäischen Staaten (Tabelle 22). Auch diese Zahlen sind nicht in Stein gemeißelt: Mit der Aufnahme Kroatiens als vorläufig letztem Mitgliedsstaat der EU ist eine Reform der Größe des Europäischen Parlaments notwendig geworden (Tabelle 37 im Anhang). Diese Reform ist aus formalen Gründen bereits deswegen erforderlich, weil der Lissabon-Vertrag eine Höchstzahl der Parlamentarier von 751 festschreibt.

Nicht nur die Anzahl der Mitglieder, sondern auch die Möglichkeiten der Mitbestimmung und Mitgestaltung haben sich verändert. Seit 1962 trägt die Gemeinsame Versammlung deswegen den „Titel" Parlament. Eine zentrale Voraussetzung für die Weiterentwicklung des EP zu einem eigenständigen politischen Akteur, der die Demokratisierung der Europäischen Union maßgeblich mitgestaltet, besteht darin, über eine direkte politische Legitimation durch die Bürger zu verfügen. Ein Meilenstein dafür war die erste Direktwahl 1979. Erstmals wurden alle Abgeordneten direkt von den Bürgerinnen und Bürgern der einzelnen Mitgliedsstaaten gewählt und nicht mehr, wie in den Jahren zuvor, von den nationalen Parlamenten bestimmt. Auf dieser Grundlage ist es dem EP im Laufe der Zeit gelungen, seine Kompetenzen im Konzert mit den anderen europäischen Institutionen zu erweitern.

Die rechtlichen Grundlagen der EU sind immer wieder Gegenstand von Reformen gewesen. Die größte Herausforderung besteht nach wie vor darin, die Größe der Union durch den Beitritt der

Tabelle 22: Entwicklungsstufen des Europäischen Parlaments

Jahr	Name der Kammer	Status der Abgeordneten	Zahl der Mitgliedsländer	Zahl der Abgeordneten
1952	Gemeinsame Versammlung der EGKS	ernannt	6	78
1958	Gemeinsame Versammlung der Europäischen Gemeinschaften		6	142
1962	Europäisches Parlament		6	142
1973			9	198
1979		direkt gewählt	9	410
1981			10	434
1986			12	518
1994			12	567
1995			15	626
2004			25	732
2007			27	785
2009			27	736
2011			27	754
2013*			28	766
2014			28	751

*Sitzverteilung ab dem 1. Juli nach der Aufnahme Kroatiens.

neuen Mitgliedsstaaten in politische Handlungsfähigkeit umzusetzen und zugleich die Demokratisierung Europas voranzutreiben. Nach dem Scheitern des Vertrages über eine neue Verfassung für Europa stellt der sogenannte Vertrag von Lissabon, der 2007 unterzeichnet worden ist, den jüngsten Versuch dar, der Union einen stabilen Ordnungsrahmen zu geben.

Im Lissabon-Vertrag wird das Europäische Parlament systematisch – und damit auch symbolisch – an erster Stelle vor den übrigen Organen der EU genannt. Diese Stellung entspricht aber nicht seiner tatsächlichen politischen Bedeutung. Der Aufgabenkreis des Parlaments hat sich gegenüber den Anfängen in den 1950er-Jahren deutlich erweitert. Insbesondere durch die Verträge von Maastricht (1992) und Amsterdam (1997) ist die Rolle des Parlaments bei der Gesetzgebung (Einführung des Mitentscheidungsverfahrens) und der Kontrolle und Bestätigung der Kommission gestärkt worden. Seitdem kann das Parlament in bestimmten Politikbereichen tatsächlich inhaltlich mitgestalten, während ihm in früheren Zeiten allenfalls eine Vetofunktion zukam. Zu den wesentlichen Kompetenzen gehören heute die Gesetzgebung, die Verabschiedung des Haushaltes, verschiedene Kontroll- und Beratungsfunktionen sowie die Bestätigung des Präsidenten und weiterer Mitglieder der Europäischen Kommission. In fast allen Fällen ist das Parlament bei der Ausübung seiner Kompetenzen auf die Zustimmung und Kooperation mit den anderen Organen angewiesen.

Im Vergleich zu einem nationalen Parlament sind Parallelen, aber auch deutliche Unterschiede zu erkennen: Im Bereich der Gesetzgebung und auch der Kontrolle der europäischen Verwaltung bestehen die größten Gemeinsamkeiten, auch wenn das Europäische Parlament diese Aufgaben stets mit den im Europäischen Rat versammelten Regierungen teilen muss. Unterschiede gibt es vor allem im Bereich der Bestellung der Exekutive. Hier haben die Straßburger Abgeordneten zwar die Möglichkeit, den Vorschlag für den Kommissionspräsidenten abzulehnen, eine eigene Auswahlmöglichkeit besitzen sie aber nicht. Schließlich ist auch die Artikulationsfunktion des Parlamentes geringer auf europäischer Ebene. Dementsprechend liegt der Fokus der Medienberichterstattung auf den Gipfeltreffen der europäischen Staats- und Regierungschefs und nicht auf den entscheidenden Parlamentsdebatten. Auf nationaler Ebene steht hingegen die Diskussion im Parlament zwischen Regierungsmehrheit und Opposition im Mittelpunkt des Medieninteresses.

Die anhaltende Diskussion über ein Demokratiedefizit der EU speist sich zu einem wesentlichen Teil daraus, dass das EP noch nicht auf Augenhöhe mit der Europäischen Kommission um die politische Gestaltung Europas ringen kann. Die Demokratisierung der EU wird dabei vor allem als Parlamentarisierung verstanden. Ein anderer Aspekt in der Diskussion über ein Demokratiedefizit ist die Zusammensetzung des Parlaments, und zwar nach den Grundsätzen allgemeiner, unmittelbarer, freier und geheimer Wahl. Der fünfte Grundsatz der gleichen Wahl, der auf nationaler Ebene selbstverständlich ist, findet in den maßgeblichen Wahlrechtsbestimmungen für das EP keine Erwähnung. So hat zwar jeder Unionsbürgers nur eine Stimme zu vergeben; der Grundsatz „One man, one vote" bleibt gewahrt. Doch ist der Erfolgswert der abgegebenen Stimmen in den einzelnen Mitgliedsstaaten nicht gleich. Die Zahl der Abgeordneten bemisst sich nicht alleine an der Zahl der Wahlberechtigten pro Mitgliedsstaat. Stattdessen sind den einzelnen Mitgliedsstaaten feste Kontingente an Mandaten zugeteilt.

Diese Kontingente orientieren sich zwar an der Bevölkerungszahl, doch gilt das Prinzip der sogenannten degressiven Proportionalität, das zu starken Verzerrungen hinsichtlich der benötigten Stimmenzahl pro Mandat zwischen den Mitgliedsstaaten führt (Tabelle 23). Das Parlament besteht aus insgesamt 751 Mitgliedern, wobei jeder Staat mindestens sechs, aber nach dem Lissabon-Vertrag künftig nur noch höchstens 96 Abgeordnete stellt. Bei der Wahl 2009 gilt noch die ältere Verteilung des Vertrages von Nizza, nach Inkrafttreten des Lissabonner Vertrages kommt dann die neue Einteilung zum Zuge.

Tabelle 23: Mandatskontingente im Europäischen Parlament – 2009 und 2014 im Vergleich (ausgewählte Staaten)					
Mitglieds-staat	Ein-wohner (Mio.)	Sitze 2009	Einwohner pro Sitz (gerundet)	Sitze 2014	Einwohner pro Sitz
Deutschland	82,1	99	829.000	96 (-3)	855.000
Frankreich	64,1	72	890.000	74 (+2)	866.000
Polen	38,1	50	762.000	51 (+1)	747.000
Rumänien	21,5	33	652.000	32 (-1)	672.000
Niederlande	16,5	25	660.000	26 (+1)	635.000
Österreich	8,4	17	494.000	18 (+1)	467.000
Finnland	5,3	13	408.000	13 (±0)	408.000
Slowenien	2,1	7	300.000	8 (+1)	263.000
Luxemburg	0,5	6	83.000	6 (±0)	83.000
Malta	0,4	5	80.000	6 (+1)	67.000

Die Auswirkungen auf die Sitzverteilung werden deutlich, wenn man die Anzahl der Bürger pro Mandat in den großen Staaten Deutschland, Frankreich, Italien und Großbritannien mit den kleinen Ländern Luxemburg und Zypern vergleicht. Der Sitzverteilung zugunsten der kleineren Staaten liegt die Idee zugrunde, für eine gewisse Ausbalancierung der politischen Machtverhältnisse zu sorgen. Das Ziel der Europäischen Integration ist die Überwindung nationalstaatlichen Denkens zugunsten der europäischen Anliegen, die gemeinschaftlich umgesetzt werden sollen. Aber der Weg dahin führt nur über Kompromisse – und die degressive Proportionalität bei der Mandatsverteilung hat sich als ein solcher tragfähiger Kompromiss erwiesen. Er wird Bestand haben, solange es keine europäische Öffentlichkeit gibt, denn solange wird es auch keinen übergreifenden europäischen Wahlkampf, sondern 27 nationale Wahlkämpfe und Wahlergebnisse geben. Erst eine wirkliche gesamteuropäische Wahl könnte dies verändern.

Wahlverfahren

Geregelt wird die Wahl des Europäischen Parlamentes im europäischen Direktwahlakt, der erstmals 1976 verabschiedet wurde und gegenwärtig in der Fassung von 2002 gilt. Anders als die nationalen Wahlgesetze regelt der Direktwahlakt keine Details des Wahlsystems, sondern nur die Rahmenbedingungen der Wahlen zum Europäischen Parlament. Die konkrete Ausgestaltung dieser Wahlen ist den Nationalstaaten überlassen; sie haben in dieser Frage einen großen Spielraum, den sie auch nutzen. Denn auch für die Wahlen auf europäischer Ebene gilt: Wahlrecht ist Machtrecht; und die Details der Wahlverfahren sind in der Hand von Strategen jene Instrumente, mit denen sie die politische Macht erhalten oder ausbauen können. Folgende Eckpunkte sind für alle Mitgliedsstaaten bindend:

- Die Wahl erfolgt nach Verhältniswahl auf der Grundlage von Listen oder von übertragbaren Einzelstimmen;
- es gibt die Möglichkeit von Vorzugstimmen;
- es gelten die Grundsätze der allgemeinen, unmittelbaren, freien und geheimen Wahl;
- es dürfen Wahlkreise gebildet werden. Die Verhältniswahl darf aber nicht grundsätzlich in Frage gestellt werden, z.B. durch viele sehr kleine Wahlkreise;
- eine Sperrklausel darf benutzt werden, jedoch darf diese nicht höher als 5% auf nationaler Ebene sein.

Der Direktwahlakt erlaubt daher nicht nur konkrete Ausgestaltungen, sondern verlangt geradezu danach. Ausgeschlossen sind eigentlich nur Mehrheitswahlsysteme oder Systeme, die die Verhältniswahl grundsätzlich in Frage stellen. Von einem einheitlichen europäischen Wahlsystem kann keine Rede sein. Vielmehr gibt es ein pluralistisches Nebeneinander nationaler Wahlelemente. Die Tabelle 24 gibt einen Überblick über diese Vielfalt.

Tabelle 24: Unterschiedliche Wahlbestimmungen im Rahmen der Europawahl (ausgewählte Staaten)				
Mitglieds-staat	Zahl der Wahlkreise	Vorzug-stimm-gebung	Zuteilungsverfahren	Sperr-klausel
Belgien	3	ja	d'Hondt	nein
Deutschland	1	nein	Sainte-Laguë	3% (nat.)
Frankreich	8	nein	d'Hondt	5% (im WK)
Griechenland	1	nein	Quotenverfahren mit Droop-Quote	3% (nat.)
Großbritan-nien*	11	nein	d'Hondt	nein
Irland	4	ja	STV	nein
Italien	5 (nationale Verrechnung)	ja	Hare/Niemeyer	4% (nat.)
Lettland	1	ja	Sainte-Laguë	5% (nat.)
Luxemburg	1	ja**	d'Hondt	nein
Polen	13 (nationale Verrechnung)	nein	d'Hondt***	5% (nat.)
Schweden	1	ja	Skandinavische Methode	4% (nat.)

*Ohne Nordirland. **Der Wähler hat sechs Stimmen und kann diese frei verteilen. ***Unterverteilung erfolgt nach Hare/Niemeyer.

Daraus geht hervor, dass fast alle Staaten die Verhältniswahl nach Listen verwenden. Siebzehn Wahlsysteme geben den Wählern die Möglichkeit der Vorzugsstimme. Der Wähler kann in diesen Staaten also statt der Parteiliste einen bestimmten Kandidaten wählen und so die Reihenfolge der Liste verändern und damit den direkten Einfluss der Parteien einschränken. In Luxemburg hat der

Wähler sechs Stimmen für sechs zu vergebende Sitze. Diese Stimmen kann er auf verschiedene Parteien verteilen (panaschieren) oder auch einem Kandidaten mehrere Stimmen geben (kumulieren). Zwei Staaten, Irland und Malta, wählen ihre Kandidaten nach den Grundsätzen des STV-Verfahrens (single transferable vote), wie es auch bei nationalen Wahlen in diesen Staaten verwandt wird. Zusätzlich werden die drei Abgeordneten Nordirlands nach diesem Verfahren bestimmt, während in den übrigen Gebieten Großbritanniens nach den Grundsätzen der Verhältniswahl mit Parteilisten in elf Wahlkreisen gewählt wird.

Die eigentliche Relevanz der unterschiedlichen Wahlverfahren wird erst dann deutlich, wenn man sie in Zusammenhang mit der degressiven Proportionalität bei der Sitzzuteilung betrachtet. So waren beispielsweise bei der Wahl 2009 in Deutschland über 1,3 Millionen Stimmen nötig, um die 5%-Hürde zu überwinden; in Malta nahmen knapp 250.000 Wähler an der Wahl teil und bestimmten fünf Abgeordnete aus zwei verschiedenen Parteien. Die deutsche SPD benötigte bei 23 gewonnenen Sitzen über 230.000 Stimmen pro Mandat; ihre irische Schwesterpartei, die irische Labour Party, erhielt mit einer vergleichbaren Zahl an Stimmen (254.000) drei Mandate, profitierte also von den disproportionalen Effekten des irischen STV-Wahlsystems.

Unterschiede gibt es aber auch bei den Altersgrenzen zwischen den verschiedenen Mitgliedern. In 26 Nationen erhält man das aktive Wahlrecht mit der Vollendung des achtzehnten Lebensjahres, Österreicher dürfen hingegen schon mit 16 Jahren an der Europawahl teilnehmen. Größere Vielfalt gibt es beim passiven Wahlrecht. Hier liegt die Grenze in zwölf Staaten ebenfalls bei 18 Jahren, in zehn Mitgliedsländern bei 21 Jahren, in zweien bei 23 Jahren und schließlich in dreien bei 25 Jahren. Jeder Unionsbürger hat dabei die Möglichkeit, auch in einem anderen Staat als seinem Heimatland seine Stimme abzugeben, sofern er dort seinen Hauptwohnsitz hat und dieser seinen Lebensmittelpunkt ausmacht.

Gewählt wird nicht an einem Tag, sondern in einem gewissen zeitlichen Korridor, um so die Wahltraditionen der verschiedenen Staaten zu berücksichtigen. Jeweils donnerstags beginnen die Niederlande und Großbritannien, freitags gehen die irischen und tschechischen (hier auch samstags) Wähler zur Urne, samstags folgen dann Italien (inkl. Sonntag), Lettland und Malta. Die übrigen Länder wählen sonntags.

Wahl der deutschen Mitglieder

Deutschland stellt als bevölkerungsreichstes Mitgliedsland auch die größte nationale Delegation im Europäischen Parlament. Die Anzahl der deutschen Abgeordneten ist jedoch nicht proportional zur Zahl der Einwohner, sondern richtet sich nach den oben beschriebenen Mechanismen der degressiven Proportionalität. Zur Europawahl 2009 bestimmten die deutschen Wähler 99 Vertreter für das Parlament in Straßburg und Brüssel, sollte der Vertrag von Lissabon in Kraft treten, werden es bei der nächsten Wahl nur noch 96 Sitze sein.

Die Abgeordneten werden bestimmt durch eine Verhältniswahl mit geschlossenen Listen; hier gilt seit 2013 statt der in Deutschland üblichen 5%-Sperrklausel eine 3%-Sperrklausel (siehe zu den Wahlergebnissen seit 1979 Tabelle 38 im Anhang). Zusammengenommen reduzieren diese Elemente des Wahlsystems den Einfluss des Wählers. Zur Veranschaulichung dient das Beispiel Thüringens: Bei den Kommunalwahlen kann der Bürger kumulieren und panaschieren, bei den Landtags- und Bundestagswahlen neben der Liste zumindest noch einen Wahlkreiskandidaten auswählen. Bei der Europawahl bleibt ihm nur die Zustimmung zu einer vorgegebenen Parteiliste. Im Detail richtet sich die Sitzverteilung ab 2009 nach dem Divisorverfahren mit Standardrundung (Sainte-Laguë). Tabelle 25 zeigt das Wahlergebnis und die Sitzverteilung der Europawahl 2009 für Deutschland und Thüringen:

Tabelle 25: Wahlergebnisse der Europawahl 2009 für deutsche Parteien – Bundesebene und Landesebene (Thüringen) im Vergleich			
Partei	Bundesebene		Thüringen
	Stimmenanteil (%)	Sitze	Stimmenanteil in (%)
CDU	30,7	34	31,1
SPD	20,8	23	15,7
B'90/Die Grünen	12,1	14	5,8
FDP	11,0	12	8,2
Die Linke	7,5	8	23,8
CSU	7,2	8	—
Sonstige	10,7	0	15,4
Gesamt	100,0	99	100,0

Zwei Besonderheiten spielen bei der Europawahl eine große Rolle. Ein Aspekt betrifft die Chancen regional verankerter Parteien. Da es keine Direktmandate gibt, kann es auch keine Grundmandatsklausel geben. Dies bedeutet, dass eine Partei wie die CSU, die nur in einem einzigen Bundesland antritt, dort über 5% der gesamtdeutschen Stimmen erringen muss, um bei der Verteilung der Sitze berücksichtigt zu werden. 7,2% der CSU auf Bundesebene entsprachen 2009 48,1% der Stimmen auf der bayerischen Landesebene. 2009 hätten der CSU ca. 35% der bayerischen Stimmen genügt, je nach Veränderung der Wahlbeteiligung in anderen Teilen Deutschlands kann der notwendige Anteil aber auch deutlich höher liegen.

Der zweite Aspekt betrifft die Verteilung der Sitze innerhalb der Parteien. Diese haben zwei Möglichkeiten: Die Parteien können eine Bundesliste einreichen, auf deren Grundlage die entsprechende Zahl der Listenplätze nach der Wahl ins Europäische Parlament vergeben wird. Die Parteien können aber auch Landeslisten einreichen. In diesem Falle wird die Gesamtzahl der Sitze mit Hilfe des Sainte-Laguë-Systems auf die Landeslisten gemäß ihrer Stimmenzahl unterverteilt. Momentan ist die CDU die einzige Partei, die sich für dieses Verfahren entschieden hat. Tabelle 26 zeigt die Verteilung der 34 christdemokratischen Sitze auf die insgesamt fünfzehn Landeslisten (ohne Bayern, da dort die CSU kandidiert):

Tabelle 26: Wahlergebnis der Europawahl für die CDU nach Landeslisten aufgeschlüsselt			
Landesliste	Anteil der Stimmen an den Gesamtstimmen der CDU (%)	Anzahl der Sitze	Anteil der Sitze (%)
Nordrhein-Westfalen	25,9	9	26,5
Baden-Württemberg	18,3	6	17,6
Niedersachsen	11,9	4	11,7
Rheinland-Pfalz	8,2	3	8,8
Hessen	7,4	2	5,9
Sachsen	7,0	2	5,9
Schleswig-Holstein	3,8	1	2,9
Thüringen	3,8	1	2,9
Berlin	2,6	1	2,9

Sachsen-Anhalt	2,6	1	2,9
Mecklenburg-Vorpommern	2,5	1	2,9
Saarland	2,0	1	2,9
Brandenburg	1,7	1	2,9
Hamburg	1,6	1	2,9
Bremen	0,6	0	0
Gesamt*	99,9	34	99,6

*Abweichende Werte von 100% aufgrund von Rundungen

In Bremen hätte die CDU deutlich mehr als 60% aller abgegebenen Stimmen erhalten müssen, um auch aus Bremen einen Abgeordneten in das Europaparlament zu entsenden. Dies ist das Risiko der Unterverteilung auf Länder, dass kleinere Länder unter Umständen über lange Zeiten nicht vertreten werden, während sie auf einer Bundesliste auf „sichere" Plätze gesetzt werden können. Aus Thüringer Sicht könnte die Einführung der Unterverteilung bei weiteren Parteien auch Vorteile bringen. So zog der Kandidat der Thüringer SPD, der auf Platz 28 der Bundesliste stand, nicht ins Parlament ein, da die SPD insgesamt nur 23 Sitze gewinnen konnte. Bei einer Unterverteilung nach den Landesstimmen hätte dem Thüringer Genossen hingegen das 22. Mandat zugestanden.

Zusammensetzung

Das Wahlergebnis der Wahlen zum Europaparlament 2009 setzt sich aus den Ergebnissen von 27 nationalen Wahlen zusammen, bei denen überwiegend nationale innerstaatliche Themen und Probleme eine Rolle gespielt haben. Solange es an einer europäischen Öffentlichkeit fehlt und sich auch die Kandidaten aus nationalen Gruppierungen rekrutieren, wird man nicht von einer gesamteuropäischen Wahl sprechen können, die von einem europäischen Bewusstsein getragen ist. Doch gibt es sehr wohl Anzeichen für eine Überwindung der Nationalstaatlichkeit. Denn die gewählten Europaabgeordneten sind nicht in nationalen, sondern von Beginn an in politischen Fraktionen organisiert. Tabelle 27 zeigt die Stärke der sieben Fraktionen nach Konstituierung des neu gewählten Parlamentes:

Tabelle 27: Fraktionsstärke im Europäischen Parlament nach der Europawahl 2009

	Fraktion	Anzahl der Sitze	Anteil der Sitze	davon: Sitze deutscher Parteien	Anteil der deutschen Parteien an der Fraktion
EVP	Fraktion der Europäischen Volkspartei (Christdemokraten)	265	36%	34 (CDU) 8 (CSU)	15,8%
S&D	Fraktion der progressiven Allianz der Sozialisten und Demokraten im Europäischen Parlament	184	25,0%	23 (SPD)	12,5%
ALDE	Fraktion der Allianz der Liberalen und Demokraten für Europa	84	11,4%	12 (FDP)	14,3%
Grüne/ EFA	Fraktion der Grünen/ Europäische Freie Allianz	55	7,5%	14 (B90/ Grüne)	25,5%
ECR	Europäische Konservative und Reformisten	54	7,3%	0	—
VEL/ NGL	Konföderale Fraktion der Vereinigten Europäischen Linken/Nordische Grüne Linke	35	4,8%	8 (Linke)	22,9%
EFD	Fraktion „Europa der Freiheit und der Demokratie"	32	4,3%	0	—
	Fraktionslose	27	3,7%	0	—
	Gesamt	736	100%	99	13,5%

Nach der Wahl war die Fraktion der Europäischen Volkspartei stärkste Fraktion, die sich aus christlich-demokratischen, konservativen und nahe stehenden Parteien zusammensetzt, darunter auch 42 deutsche Mitglieder der CDU und CSU. Zweitstärkste Kraft war die Progressive Allianz der Sozialisten und Demokraten, die sozialdemokratische Abgeordnete aus ganz Europa vereint. Es folgten die liberale ALDE, die Grünen, die europakritischen Konservativen (ECR), die linke/kommunistische VEL/NGL und schließlich die nationalkonservative-europaskeptische EFD. Mittlerweile haben sich die Mitgliederzahlen der Fraktionen verändert – durch die Aufnahme Kroatiens, die Aufnahme von fünfzehn früheren Beobachtern, die nach dem Inkrafttreten des Vertrags von Lissabon volles Stimmrecht erhalten haben sowie durch Partei- bzw. Fraktionswechsel. Eine tagesaktuelle Übersicht findet sich auf der Seite des Europaparlamentes (siehe dazu den Link im Anhang).

Den Fraktionen entsprechen auch europäische Parteien, die zunehmend die Arbeit der Mitgliedsparteien der einzelnen Staaten koordinieren, bündeln und in eine handlungsfähigere Einheit auf europäischer Ebene überführen. Zu nennen sind vor allem die Europäische Volkspartei (EVP), die Sozialdemokratische Partei Europas (SPE), die Allianz der Liberalen und Demokraten für Europa (ALDE), die Europäische Grüne Partei (EGP), die Europäische Linke (EL) und die Allianz der Europäischen Konservativen und Reformisten (AECR).

Blickt man auf die deutschen Abgeordneten, die sich auf drei Fraktionen verteilen, erkennt man, dass insbesondere bei den Grünen und der linken Fraktion ein erhebliches Gewicht der deutschen Vertreter existiert. Die Organisation des Parlaments in Fraktionen ist teilweise auch der degressiven Proportionalität geschuldet, denn diese Verteilung, die die kleinen Mitgliedsstaaten überproportional bevorteilt, sorgt dafür, dass auch aus kleinen Staaten Abgeordnete unterschiedlicher politischer Couleur ins Parlament entsandt werden. So wird beispielsweise auch Luxemburg durch Abgeordnete in vier Fraktionen vertreten (EVP, S&D, ALDE und Grüne). Auf diese Weise können auch die kleinen Fraktionen glaubhaft alle Wähler einer bestimmten politischen Richtung vertreten. Die Fraktionen treten damit – neben der Institution des Europäischen Parlaments – als europäische Akteure in Erscheinung.

Wahlrecht und Parteiensystem

Wahlergebnisse bilden die gesellschaftliche Stärke verschiedener Parteien in Sitzverteilungen ab. Das Wahlrecht beeinflusst jedoch die eigentlichen Machtverhältnisse zwischen den Parteien und damit indirekt auch die Struktur des Parteiensystems. Gleichzeitig sind es die Parteien in den Parlamenten, die mit den jeweiligen Mehrheiten über die Ausgestaltung der Wahlsysteme entscheiden. Um dieses Wechselverhältnis geht es im Folgenden.

Wirkungsweisen von Wahlsystemen

Welche allgemeinen Aussagen lassen sich über die Wirkungsweise von Wahlsystemen treffen? Und welche Faktoren können sich hemmend auf diese Einflüsse auswirken? (Tabelle 28) Generell lässt sich beobachten, dass die relative Mehrheitswahl zu einem Zweiparteiensystem führt, wie es beispielsweise in den USA zu finden ist. Regional starke Minderheiten, wie die schottische SNP und die walisische PC in Großbritannien oder aber der Bloc Québécois in Kanada, können jedoch diese grundsätzliche Tendenz unterlaufen. Weiterhin gibt es sowohl in Großbritannien mit den Liberal Democrats als auch in Kanada mit der New Democratic Party Beispiele für dritte Parteien, die zwar im jeweiligen Parlament unterrepräsentiert sind, jedoch schon seit langer Zeit nicht unerhebliche Teile des Wählerspektrums an sich binden können.

Tabelle 28: Wirkungsweise von Wahlsystemen auf das Parteiensystem		
Wahlsystem	*tendiert zu ...*	*Gegenläufige Faktoren*
Relative Mehrheitswahl	Zweiparteiensystem	Regional konzentrierte Minderheiten
Absolute Mehrheitswahl	Polarisiertes Mehrparteiensystem	Fehlender Zwang zur Regierungsbildung, gesellschaftliche Verfestigung
Reine Verhältniswahl	Mehrparteiensystem	Mehrheitsbildende Elemente (Sperrklausel, personalisierte Verhältniswahl)

Der *absoluten Mehrheitswahl* wird die Tendenz zu einem polarisierten Mehrparteiensystem zugeschrieben. Denn die Notwendigkeit der absoluten Mehrheit im ersten Wahlgang und die damit verbundene Stichwahl führen dazu, dass Parteien Absprachen miteinander treffen müssen, um erfolgreich zu sein. In der Regel bilden sich daher zwei Blöcke kleinerer und mittlerer Parteien, die sich spätestens im zweiten Wahlgang gegenüberstehen. Aber auch hier kann es kontextabhängige Faktoren geben, die diese Tendenz abschwächen oder gar verkehren. Ein Beispiel ist das Deutsche Kaiserreich von 1871: In diesem System der konstitutionellen Monarchie wurde die Regierung unabhängig vom Parlament gebildet und war für ihren eigenen Machterhalt auf keine stabile parlamentarische Regierungsmehrheit angewiesen. Diese Lage führte dazu, dass sich mehrere Blöcke nach ideologischer Orientierung herausbildeten (Liberale, Konservative, Katholiken und Sozialdemokraten), die kaum koalitionsbereit waren. Eine starke gesellschaftliche Spaltung in verschiedene Gruppen mit korrespondierenden Wählermilieus verstärkte dieses zersplitterte Parteiensystem noch.

Verhältniswahlsysteme tendieren eher zu einem Mehrparteiensystem. Beispiele dafür sind die skandinavischen Ländern oder die Niederlanden. Doch auch hier gibt es eine Reihe von zusätzlichen Elementen, die als Gegengewichte dienen – in der Regel, um ein Vielparteiensystem (im Unterschied zu einem Mehrparteiensystem) zu verhindern. An Elementen des Wahlsystems selbst sind bereits die Sperrklauseln oder die sogenannte Mehrheitsprämien vorgestellt worden. Einem Vielparteiensystem wirkt aber auch die Integrationsfähigkeit großer Parteien („Volksparteien") entgegen, die eine Konzentration des Parteiensystems befördern.

Kein Zweifel: Wahlsystems beeinflussen die Erfolgschancen der Parteien und damit die Struktur des Parteiensystems. Aber es handelt sich nicht um ein statisches, sondern um ein dynamisches Verhältnis: Je nach gesellschaftlicher Verankerung bevorzugen politische Parteien unterschiedliche Wahlsysteme, immer aber werden sie versuchen, ihren Einfluss zu nutzen, um das Wahlsystem ihren eigenen Aussichten anzupassen. Die Frage nach dem besten Wahlsystem ist auch immer eine Frage nach den besten Wahlaussichten. Der spanische Philosoph und Soziologe Ortega y Gasset brachte die Bedeutung des Wahlrechts auf den Punkt: „Das Heil der Demokratien, von welchem Typus und Rang sie immer seien, hängt von einer geringfügigen technischen Einzelheit ab: vom Wahlrecht. Alles andere ist sekundär" (Der Aufstand der Massen, 1956, S. 117).

Konfliktstrukturen

Das Wahlrecht bestimmt maßgeblich die Wahlchancen politischer Parteien. Aber es erklärt nicht, warum Parteien entstehen, bestehen und vergehen. In einer historischen Perspektive haben Parteiensysteme ein erstaunliches Beharrungsvermögen. Das war die Beobachtung der beiden Sozialwissenschaftler Seymour M. Lipset und Stein Rokkan Ende der sechziger Jahre, die auch heute noch weitgehend Bestand hat. Sie zogen daraus den Schluss, dass die Parteiensysteme vor allem von sogenannten Konfliktstrukturen geprägt würden. Parteien bildeten sich entlang einiger weniger, aber für die Gesellschaft maßgeblicher Konflikte *(cleavages)*.

Die – historisch betrachtet – erste Konfliktstruktur, die parteibildend gewirkt hat, ist der sogenannte *Zentrum-Peripherie-Konflikt*. Er brach zumeist im Prozess der Staats- oder Nationsgründung aus, in dem jene Gruppierungen, die das Zentrum der politischen Macht bildeten ihre Lebensweise und religiösen Überzeugungen gegenüber dem Umland (Peripherie) durchsetzen wollten – und dabei auf Widerstand stießen. Ein typisches Resultat solcher Konflikte sind Regionalparteien, die die Interessen eines bestimmten Gebietes vertreten und dabei dessen kulturelle Eigenarten und Besonderheiten betonen. Der zweite wesentliche Konflikt ist der *Staat-Kirche-Konflikt* nach der Französischen Revolution. Er hat seinen Ursprung in der Säkularisierung und der Frage nach der Dominanz in kulturellen, sozialen und bildungspolitischen Fragen zwischen Staat und Kirche. Die Langlebigkeit dieser Konfliktstruktur lässt sich an den vielen Parteien in Europa ablesen, die sich auch heute noch als „christliche" Parteien verstehen. Im Zuge der industriellen Revolution gewann der *Stadt-Land-Konflikt* an Bedeutung, d.h. der Interessengegensatz zwischen der Landwirtschaft einerseits und den städtischen Interessen der Handwerker, Händler und Industriellen. Ein Relikt dieser Konfliktlage sind u.a. die Bauernparteien, die noch in manchen Staaten eine Rolle spielen. Der *Arbeit-Kapital-Konflikt* hat den Kampf zwischen Arbeitgebern und Arbeitnehmern zum Gegenstand. Ausgehend von frühen sozialen Bewegungen bildeten sich in ganz Europa sozialdemokratische und kommunistische Parteien.

Heutzutage hat sich die ideologische Bedeutung solcher Konflikte weitgehend zugunsten konkreter Fragen der Verteilungsgerechtigkeit abgeschwächt.

Moderne Parteien sind Lipset/Rokkan zufolge daher das Ergebnis einer tragfähigen und dauerhaften Allianz zwischen verschiedenen sozialen Gruppen unter Führung einer Elite mit dem Ziel, maßgeblichen Einfluss auf die politische Gestaltung auszuüben. Aber nicht jede Strömung erreiche ihr Ziel, denn einen stabilen Platz im Parteiensystem sicherten sich nur solche Bewegungen, die über eine ausreichende soziale Basis verfügten. Die Stärke dieser Basis ermögliche es der Bewegung, sich als politische Partei zu etablieren. Sie müsse dafür bestimmte Schwellen (engl. *thresholds*) überschreiten. Diese Schwellen lassen sich idealtypisch nach Lipset/Rokkan folgendermaßen beschreiben:

- *Schwelle der Legitimation:* Gibt es ein Recht auf Opposition und auf freie Meinungsäußerung? Kann der neue Konflikt politisch ins Gespräch gebracht werden? Hier kommt es vor allem auf die Staatsform an.
- *Schwelle der Einbeziehung in das politische System:* Haben die eigenen Anhänger die gleichen politischen Rechte wie ihre Gegner (v.a. gleiches Wahlrecht)?
- *Schwelle der Repräsentation:* Kann die Gruppierung aus eigener Kraft in die parlamentarische Vertretung gewählt werden oder muss sie sich einer größeren bestehenden Partei anschließen? Hier ist vor allem die Art des Wahlverfahrens mit seinen Sperrklauseln oder Beschränkungen gegen Kleinparteien entscheidend.
- *Schwelle der Mehrheitsmacht:* Kann eine Partei mit der Mehrheit der abgegebenen Stimmen auch die Mehrheit der Mandate in der parlamentarischen Vertretung erlangen?

Wahlen und Wahltheorien

Wer wählt wen, warum und zu welchem Zweck? Die Antwort auf diese Frage(n) zu kennen, verspricht politische Macht. Wer weiß, was Wähler umtreibt, kann sich auf ihre Interessen und Bedürfnisse einstellen und das politische Angebot auf sie abstimmen. Dabei handelt es sich jedoch um ein komplexes Unterfangen, denn die Wahlentscheidung trifft jeder Wahlberechtigte für sich individuell. Politische Macht erwächst jedoch aus Gruppenbildung. Die Politik würde sich überfordern, wenn sie es jedem Einzelnen Recht machen wollte. Ihr Anspruch und Interesse ist es vielmehr, Zugang zu (möglichst großen) sozialen Gruppen zu erhalten und diese als Wählerschichten an sich zu binden. Ein Beispiel ist etwa die Gruppe der Erstwähler. Hierunter werden all jene Wähler verstanden, die aufgrund ihres Alters das erste Mal an der entsprechenden Wahl teilnehmen dürfen. Bei der Bundestagswahl 2009 gab es beispielsweise 3,5 Millionen wahlberechtigte Erstwähler, was 5,6% aller Wahlberechtigten entspricht.

Vor diesem Hintergrund wird verständlich, dass nicht der einzelne Bürger, sondern soziale Gruppen den eigentlichen Gegenstand der Wahlforschung darstellen. Die unterschiedlichen Ansätze werden in diesem Kapitel vorgestellt und verglichen. Zum Einstieg dient dafür ein kurzer Überblick über vier unterschiedliche Wählertypen: Stammwähler, Wechselwähler, Protestwähler und Nichtwähler.

Wählertypen

Stammwähler sind die Wähler, die über einen längeren Zeitraum der gleichen Partei ihre Stimme geben. Die Bedeutung der Stammwähler erkennt man an der Stabilität der Wahlergebnisse seit dem Ende des Zweiten Weltkrieges. Über die Zeit hinweg hat die Wählerbindung an die Parteien abgenommen, vor allem in den letzten Jahren ist dieser Trend nicht mehr zu übersehen. Er drückt sich in den größer gewordenen Schwankungen in der Gewinn- oder Verlustrechnung für die einzelnen Parteien aus. Mittlerweile sind Zuwächse von (über) zehn Prozent nicht mehr unvorstellbar, denkt man zum Beispiel an die erstmalige Wahlteilnahme der damaligen Schill-Partei in Hamburg mit einem Wahlergebnis von 19,4% der Stimmen. Solche Wahlerfolge sind ebenso unverhofft wie triumphal, aber genauso hart ist der Einbruch, vor dem auch Volksparteien nicht mehr sicher sind. Man denke beispielsweise an den Absturz der CDU bei der saarländischen Landtagswahl 2009 (-13 %-Punkte) oder an die Niederlage der SPD bei der Bundestagswahl 2009 (-11,2 %-Punkte).

Das Pendant zum Stammwähler ist der *Wechselwähler*. Zu dieser Gruppe zählen alle Wähler, die im Vergleich zur vorherigen Wahl einer anderen Partei ihre Stimme gegeben haben. Dabei lassen sich verschiedene Arten von Wechselwählern unterscheiden: So gibt es Wähler, die aufgrund von Sympathien oder ähnlichen kurzfristigen Erwägungen („Bauchgefühl") spontan ihre Stimme vergeben. Anders verhält es sich mit Wechselwählern, die versuchen ihre Entscheidung in Form von Präferenzen zu rationalisieren und anlässlich jeder neuen Wahl ihre Präferenzen überdenken. Zu dieser Wählergruppe zählen informierte Bürger, die beispielsweise auf Bundesebene eine Partei wegen ihrer außenpolitischen Konzeptionen, auf der Landesebene eine andere aufgrund ihrer bildungspolitischen Vorstellungen wählen und schließlich in ihrer Gemeinde eine dritte Partei unterstützen, da sich diese gegen die geplante Umgehungsstraße einsetzt. Eine Spielart dieses rationalen Wählens ist die taktische Stimmabgabe. Dieses Wahlverhalten orientiert sich nicht allein an den inhaltlichen Präferenzen, sondern auch an den Durchsetzungschancen. Insbesondere in Wahlsystemen mit zwei Stimmen kann durch taktisches Wählen eine Koalitionspräferenz ausgedrückt werden. Anhand eines Wahlkreises der thüringischen Landtagswahl 2009 lässt sich dies veranschaulichen: Der Wahlkreis 37 (Jena I) wurde von Christoph Matschie (SPD) direkt gewonnen, obwohl die SPD bei den Landesstimmen nur an dritter

Tabelle 29: Stimmensplitting als Form des taktischen Wählens (Beispiel: Landtagswahl Thüringen 2009, Wahlkreis 37)

Partei	Wahlkreisstimme		Landesstimme		Differenz
	Abs. Zahlen	%	Abs. Zahlen	%	(%-Punkte)
CDU	6.610	22,5	6580	22,3	+0,2
Linke	7.076	24,0	7.343	24,9	-0,9
SPD	7.927	26,9	6.437	21,8	+5,1
Grüne	3.323	11,3	4.548	15,4	-4,1
FDP	2.730	9,3	2.871	9,7	-0,4

Es wurden nur die etablierten Parteien aufgeführt.

Stelle lag. Schaut man nun auf die Unterschiede zwischen Landes- und Wahlkreisstimme (Tabelle 29), sind im Falle von CDU, Linke und FDP nur geringe Abweichungen zu erkennen. Bei der SPD und den Grünen sind die Unterschiede hingegen deutlich größer und gegenläufiger Art: Dem SPD-Plus bei der Erststimme steht das Minus bei der Zweistimme entgegen; bei den Grünen verhält es sich umgekehrt. In beiden Fällen dürften taktische Überlegungen eine Rolle gespielt haben: „Grünen-Wähler" könnten ihre Wahlkreisstimme dem aussichtsreicheren Kandidaten der SPD gegeben haben, während „SPD-Wähler" mit ihrer Landesstimme den Grünen beim Überwinden der 5%-Hürde „helfen" wollten, um dadurch das rot-grüne Lager insgesamt zu stärken.

Protestwähler wiederum zeichnen sich dadurch aus, dass sie sich nicht primär für, sondern vor allem gegen etwas entscheiden. Dieser Protest kann sich gegen konkrete politische Sachfragen, das Parteiensystem aber auch das politische System als Ganzes richten. Zwei Hauptinstrumente stehen für eine Protestwahl zur Verfügung: Erstens die Stimmabgabe für eine „nicht-etablierte", zumeist radikale Partei, um auf diese Weise die Unzufriedenheit mit den etablierten Parteien auszudrücken. Eine zweite Möglichkeit ist die ungültige Stimmabgabe, die jedoch keinerlei Relevanz für das eigentliche Wahlergebnis besitzt. Zur Europawahl gab es in Thüringen insgesamt 3,9% ungültige Stimmen. Davon, so zeigt es die Wahlauswertung des Landeswahlleiters, waren knapp über 70% der Wahlzettel leer oder durchgestrichen, während 30% Fehler aufwiesen, die eher auf Unkenntnis schließen lassen (z.B. mehrere Kreuze). Insbesondere die durchgestrichenen Wahlzettel sind kaum anders als eine Protestwahl zu werten.

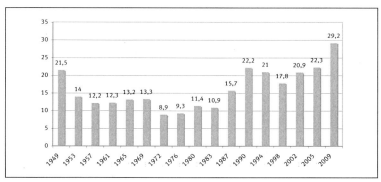

Abbildung 4: Nichtwähleranteil bei Bundestagswahlen (in %)

Der letzte wichtige Wählertyp ist der *Nichtwähler*. Als Nichtwähler gelten all jene Wahlberechtigten, die sich – aus welchen Gründen auch immer – nicht an der Wahl beteiligen. Der Anteil der Nichtwähler bei Bundestagswahlen ist in den letzten dreißig Jahren gestiegen (Abbildung 4); gleichwohl liegt die Wahlbeteiligung immer noch deutlich höher als bei Landtags-, Kommunal- oder Europawahlen. Auch ein Blick ins Ausland zeigt, dass die Wahlbeteiligung bei Bundestagswahlen nicht außergewöhnlich niedrig ausfällt: Bei der Präsidentschaftswahl in den USA 2008 lag die Wahlbeteiligung bei rund 58%, bei den „mid-term elections" 2006, d.h. bei den Wahlen zum amerikanischen Repräsentantenhaus und dem Senat, bei durchschnittlich 37%.

Gründe für die Wahlenthaltung gibt es viele; manche ergeben sich aus bestimmten Situationen wie etwa Krankheit oder Urlaub. Es gibt aber auch die bewusste Entscheidung zur Wahlenthaltung, die der Gruppe der Protestwähler ähnlich ist. Wahlenthaltung kann eine Möglichkeit sein, seine grundsätzliche Ablehnung gegenüber der Politik und/oder gegenüber den (etablierten) Parteien auszudrücken.

Charakteristisch für Nichtwähler ist vor allem deren politisches Desinteresse. Nach einer Umfrage des Thüringen Monitors von 2003 waren unter den Befragten, die nicht zur Wahl gehen wollten, knapp vierzig Prozent, die sich nach eigenen Angaben „gar nicht" für Politik interessierten (Tabelle 30). Je bewusster eine solche Haltung eingenommen wird, desto weniger beruht sie auf einem generellen Einverständnis mit der jeweiligen politischen Lage, sondern eher darauf, dass man das Gefühl hat, selbst ohnehin nichts bewegen oder ändern zu können. Diese Haltung paart sich tendenziell mit einer grundsätzlich ablehnenden Haltung zur Demokratie als Staats- und Regierungsform, der diese Art von Nichtwählern nicht durch eine Stimme eine zusätzliche Anerkennung

Tabelle 30: Nichtwähleranteil nach Politikinteresse und Einstellung zur Demokratie					
Alle Befragte	*Politikinteresse*		*Demokratie*		
	stark	*gar nicht*	*Zufriedene Demokraten*	*Unzufriedene Demokraten*	*Nicht-Demokraten*
*15,0%	8,1%	39,2%	5,7%	18,2%	22,2%

Quelle: Thüringen Monitor 2003, S. 61ff. *15% der Befragten gaben an, dass sie an der letzten Landtagswahl (1999) nicht teilgenommen haben bzw. bei der nächsten nicht teilnehmen wollen. Der tatsächliche Anteil der Nichtwähler liegt bei Landtagswahlen in Thüringen jedoch bei durchschnittlich 40-50% der Wahlberechtigten.

verleihen will. Laut Thüringen Monitor von 2003 waren unter den potentiellen Nichtwählern rund 22%, die die Demokratie grundsätzlich ablehnen („Nicht-Demokraten").

Ansätze zur Erklärung des Wahlverhaltens

In der Wahlforschung gibt es eine Reihe unterschiedlicher Ansätze. Sie lassen sich grundsätzlich danach unterscheiden, wie das Verhältnis zwischen Individuum und seiner Umwelt konzipiert wird und wieviel Gewicht den „Umweltfaktoren" bei der individuellen Wahlentscheidung eingeräumt wird.

(1) Dem *soziologischen Ansatz* zufolge wird das Wahlverhalten des einzelnen maßgeblich durch seine Zugehörigkeit zu bestimmten sozialen Schichten, Milieus oder Gruppierungen bestimmt. In der Studie „The People's Choice", 1944 veröffentlicht von Paul F. Lazarsfeld und seinem Team, ist dieser Zusammenhang wie folgt pointiert formuliert worden: „a person thinks, politically, as he is, socially". Mit anderen Worten: Die soziale Identität des Einzelnen prägt sein politisches Verhalten – und damit auch sein Wahlverhalten. Innerhalb der sozialen Gruppen, in denen sich der Einzelne bewegt, bilden sich durch den Umgang mit anderen, durch die tägliche Kommunikation und Interaktion gemeinsame Sichtweisen und Meinungen heraus, die sich zu relativ stabilen Einstellungen verfestigen. Dieser Prozess schließt den Bereich der Politik ein. Wer zusammen lebt, arbeitet, spielt, der wählt mit einer hohen Wahrscheinlichkeit auch denselben Kandidaten, so eine der Grundtendenzen dieses Ansatzes.

Die Bedeutung der sozialen Gruppenzugehörigkeit für das Wahlverhalten sagt jedoch noch nichts über die inhaltliche Ausrichtung aus. Grundlegende Hinweise hierfür finden sich bei der Cleavage-Theorie von Lipset/Rokkan. Sie beschreibt langfristige Allianzen zwischen politischen Parteien und ihren Führungsschichten auf der einen und sozialen Klassen und Milieus auf der anderen Seite, die sich entlang bestimmter Konfliktlinien (Zentrum-Peripherie, Staat-Kirche, Stadt-Land, Arbeit-Kapital) gebildet haben. Die Bindungskraft dieser Allianzen dauert an und prägt die europäischen Parteiensysteme. Von Bedeutung ist nach wie vor die Verbindung zwischen den Gewerkschaften und der Arbeiterschaft zur SPD oder die der Katholiken zur CDU/CSU (bzw. ihren Vorgängerorganisationen), um zwei bekannte Beispiele des deutschen Parteiensystems zu geben. Aber diese Bindungen haben über die Jahre hinweg kontinuierlich an Kraft verloren.

Ungeachtet der konkreten Umstände, die für eine Wahl ausschlaggebend sein können, lassen sich für diese Entwicklung zwei sozialstrukturelle Gründe anführen: Erstens hat die quantitative Bedeutung traditioneller Milieus abgenommen. Der sinkende Anteil der Arbeiterschaft an der Gesamtbevölkerung und die Mitgliederverluste der Gewerkschaften beeinträchtigen das Potenzial der klassischen SPD-Wähler. Ähnlich verhält es sich mit der Verbindung zwischen Katholiken und der Union; auch hier vermag die Kirche nicht mehr dieselbe Bindungskraft aufrechtzuhalten, gemessen an Kirchenzugehörigkeit und Häufigkeit des Kirchgangs am Sonntag. Zweitens steigen die Überlagerungen unterschiedlicher Gruppenzugehörigkeiten u.a. durch eine erhöhte soziale Mobilität – mit der Folge, dass die Bestimmungskraft einzelner Milieus geschwächt wird. Ein Beispiel: Der 35-jährige Katholik aus Passau zieht nach Frankfurt (Mitte) und vertritt als Mitglied des Betriebsrates in einem Unternehmen Arbeitnehmerinteressen. Gegenläufige Interessen und Forderungen des sozialen Umfeldes gehören mittlerweile zum Alltag für den Großteil der Menschen in einer modernen Gesellschaft. Sie erschweren den Rückschluss von der Sozialstruktur auf das Wahlverhalten, der den soziologischen Ansatz kennzeichnet.

Ein jüngerer Ansatz, das *Konzept sozialer Milieus* wiederzubeleben, stammt aus der Konsumforschung, entwickelt vom Sinus-Institut in den Achtzigerjahren. Unter Milieu werden hier nicht mehr jene historischen Formationen des 19. Jahrhunderts verstanden, sondern eine neue Kartographie gemeinsamer Lebenswelten von Menschen, deren Zugehörigkeit nach Werteinstellungen und sozialer Lage gruppiert wird. Danach werden zehn Milieus unterschieden, die sich in vier Obergruppen zusammenfassen lassen:

- *Gesellschaftliche Leitmilieus:* Zu diesen Milieus sind sowohl die „Etablierten" zu rechnen, deren Erfolgsdenken sich mit einer ausgeprägten Anspruchshaltung verbindet, als auch die Gruppe der „Postmateriellen", die dem aufgeklärten Nach-68er-Milieu entstammen und ihre liberale Grundhaltung mit immateriellen Wertvorstellungen und intellektuellen Interessen verbinden. Eine dritte Gruppe stellen die „modernen Performer" dar, eine junge, unkonventionelle Leistungselite, deren Leben vor allem

durch Flexibilität und Leistungsbereitschaft gekennzeichnet ist.
- *Traditionelle Milieus:* Es lassen sich im Wesentlichen drei traditionelle Milieus unterscheiden. Erstens die „Konservativen", zu den vor allem der Rest des alten deutschen Bildungsbürgertums zählt; zweitens die „Traditionsverwurzelten", die Sicherheit und Ordnung liebende Kriegsgeneration, die in der kleinbürgerlichen Welt bzw. in der traditionellen Arbeiterkultur verwurzelt ist; drittens schließlich die „DDR-Nostalgischen", resignierten Wende-Verlierer, die an preußischen Tugenden und altsozialistischen Vorstellungen von Gerechtigkeit und Solidarität festhalten.
- *Mainstream-Milieus:* Dieses Milieu wird durch die „bürgerliche Mitte" bestimmt, die nach beruflichem Erfolg strebt und in gesicherten Verhältnissen leben möchte. Hinzu kommen die „Konsum-Materialisten", Menschen, die eher zur sozialen Unterschicht gehören, aber Anschluss halten wollen an die Konsum-Standards der breiten Mitte.
- *Hedonistische Milieus:* Zu diesem Milieu gehören vor allem zwei Gruppen: Die erste Gruppe umfasst die sogenannten Hedonisten; damit werden Menschen bezeichnet, die ihr Leben am Spaß orientieren und sich dabei tendenziell den Erwartungen, die von außen an sie gestellt werden, entziehen. Eine zweite Gruppe bildet eine stark individualistische neue Bohème, für die Ungebundenheit und Spontaneität von Bedeutung ist.

(1) Die Union hat ihre Schwerpunkte in den gehobenen sozialen Schichten, dem klassischen Bürgertum, die sich eher an traditionellen Werten ausrichten: „Etablierte", „Konservative", „Bürgerliche Mitte", aber auch „Traditionsverwurzelte". Verglichen damit ist das Gesicht der FDP-Anhänger nicht mehr ganz so „bürgerlich". Die FDP wird ebenso bevorzugt von „Etablierten" gewählt, hinzutreten vor allem jene, die sich selbst zur modernen Leistungselite zählen („moderne Performer"). Aus dieser Gruppe speist sich auch ein Teil der Grünen-Wählerschaft; ihre Basis haben die Grünen jedoch vor allem unter den Menschen, die ihrem Selbstverständnis nach einen „alternativen" Lebenswandel führen („Postmaterielle" und „Experimentalisten"). Die Linke wird hingegen vor allem von den „DDR-Nostalgischen" gewählt, die nach wie vor das Bild der „Ost-Partei" bestimmen; zur Wählerschaft gehören überdies die materialistisch-orientierten Milieus, d.h. die „bürgerliche Mitte", die „Traditionsverwurzelten" und die „Konsummaterialisten". Verglichen mit den

anderen Parteien besitzt die SPD eine verhältnismäßig ausgeglichene Wählerbasis ohne eindeutige Schwerpunkte. Ihre früheren Bastionen (traditionsbewusste Arbeiter, kleinbürgerliche Kreise) hat sie anteilig an die Union und die Linke verloren.

(2) Auf die Probleme des sozialstrukturellen Ansatzes, kurzfristige aber wahlentscheidende Einflussfaktoren auszublenden, hat der *sozialpsychologische Ansatz* bereits in den 1950er Jahren reagiert. Wegweisend waren die beiden Studien „The Voter Decides" und „The American Voter", die vor allem mit dem Namen Angus Campbell verbunden sind. Auch dieses Konzept geht von der Bedeutung des sozialen Umfeldes für das Wahlverhalten aus. Eine stabile Bindung zu einer Partei (Parteiidentifikation) ist das Resultat von Sozialisationsprozessen, weniger jedoch durch die Zugehörigkeiten zu einer bestimmten Schicht oder Klasse, sondern durch Familie, Freundeskreis und Schule. Ergänzend treten die stärker individuell ausgerichteten Kandidaten- und Problemorientierungen hinzu, mit denen sich überdies kurzfristige Schwankungen und Abweichungen von der Parteiidentifikation erklären lassen.

Dieser Konzeption liegt die Unterscheidung zweier Szenarien zugrunde: Im Normalfall entspricht das Wahlverhalten den politischen Einstellungen, die der Einzelne im Rahmen seiner Sozialisation ausgebildet hat. Durch diese Brille werden die Sachthemen und die Kandidaten wahrgenommen. Abweichungen im guten wie im schlechten Sinne sind jedoch jederzeit möglich: Dann etwa, wenn der „eigene" Kandidat nichts zu taugen scheint, ein besonderes Interesse an der Lösung bestimmter Probleme vorliegt und/oder die Vorschläge der „Gegenseite" von einer Kompetenz zeugen, die man dem eigenen Lager nicht zutraut. Dabei gilt grundsätzlich: Je kurzfristiger die Wahlentscheidung getroffen wird, desto relevanter werden Problem- und Kandidatenorientierung.

(3) Der *Rational Choice-Ansatz* (Theorie des rationalen Wählers) basiert maßgeblich auf der ökonomischen Theorie, deren demokratietheoretische Grundlagen vor allem von Anthony Downs Mitte der fünfziger Jahre entwickelt worden sind. Im Zentrum dieses Ansatzes steht das Interesse des Einzelnen: Diejenige Partei wird gewählt, die der Wähler für am besten geeignet hält, seine Interessen durchzusetzen. Weder die soziale Herkunft noch die (psychologische) Bindung zu einer Partei gibt den Ausschlag für die Wahlentscheidung, sondern das Nutzenkalkül des Wählers. Die Rationalität des Wählers bezieht sich diesem Ansatz zufolge jedoch nur auf die

Mittel, nicht hingegen auf die Ziele. Ob die politischen Ziele des Wählers „sinnvoll" oder „finanzierbar" sind, spielt für die Wahlentscheidung keine Rolle. Die Wahl der Partei ist Mittel zum Zweck, sei es eine saubere Umwelt oder ein gerechteres Steuersystem zu bekommen. Rationales Wählen ist voraussetzungsreich: Der Wähler muss seine Interessen und Ziele mit dem aktuellen politischen „Angebot" abgleichen und sowohl Programm als auch Personal daraufhin prüfen, ob sie in der Lage sind, seine Interessen zu befriedigen. Ein solches Wahlverhalten bedarf zudem bei jeder anstehenden Wahl eines neuerlichen „Checks" (z.B. mit Hilfe eines Wahl-O-Mats).

Das Modell des rationalen Wählens lässt sich auch zur Erklärung der taktischen Wahlentscheidung verwenden: Unter bestimmten Bedingungen kann es für einen Wähler sinnvoll sein, nicht seiner „ersten Wahl" die Stimme zu geben, sondern eine andere Partei zu unterstützen, etwa um eine bestimmte Koalition zu ermöglichen, aber auch zu verhindern. Anschauungsmaterial (Tabelle 31) bieten jene Wechselwähler, die bei der Bundestagswahl 2009 nicht mehr die Union (wie bei der vorherigen Bundestagswahl), sondern die FDP gewählt haben. Ein wichtiges Motiv für diese Wahlentscheidung bestand offenbar darin, die „bürgerliche Mehrheit" aus Union und FDP zu sichern.

Tabelle 31: Gründe für einen Wechsel im Wahlverhalten (Beispiel: Wechselwähler von Union zur FDP)		
Was war für die Wahlentscheidungen am wichtigsten...? [Wechsel von der Union zur FDP, um ...]		
eine bestimmte Koalition zu ermöglichen	eine bestimmte Partei zu stärken	eine bestimmte Koalition zu verhindern
51%	30%	18%

Quelle: Infratest dimap auf tagesschau.de

Vergleichende Betrachtung der Wahltheorien

Jede der genannten Theorien liefert einen Beitrag zur Erklärung des Wählerverhaltens. Sie richten sich auf unterschiedliche Momente dieses komplexen Prozesses und können daher in einem gewissen Grade als wechselseitige Ergänzung verstanden werden. Eine solche ergänzende Lesart lässt sich verdeutlichen, wenn die Ansätze auf die unterschiedlichen Wählertypen bezogen werden.

Stammwähler stehen im Zentrum des soziologischen Ansatzes. Hiernach bestimmt in einem weitgehenden Maße die Zugehörigkeit zu einer sozialen Gruppe das individuelle Wahlverhalten. Für den sozialpsychologischen Ansatz dienen hingegen die politische Sozialisation und die hieraus entstehende Parteienidentifikation als Erklärung einer langfristigen Wählerbindung. Die Vertreter des Rational-Choice-Modells führen stabiles Wahlverhalten auf ebenso stabile Ziele und Präferenzen der Wähler zurück.

Wechselnde Wahlentscheidungen sind aus der Perspektive des soziologischen Ansatzes durch eine veränderte Struktur der sozialen Lagen zu erklären. Aus sozialpsychologischer Sicht treten weitere Faktoren hinzu, vor allem die Beurteilung aktueller politischer Probleme bzw. der politischen Kandidaten. Der sozialpsychologische Ansatz besitzt mithin ein größeres Spektrum an Kriterien, kurzfristigen Wechsel im Wahlverhalten zu erklären. Der Wechselwähler steht auch im Zentrum der Rational-Choice-Theorie, da hier ohnehin die Präferenzen von jedem Wähler stets aufs Neue bestimmt werden.

Die *Protestwahl* ist für den soziologischen wie für den sozialpsychologischen Ansatz vor allem Ausdruck von Entfremdung zwischen traditionellen Verbündeten. Das Rational-Choice-Modell sieht hingegen in der Protestwahl vornehmlich ein taktisches Instrument, um die Aufmerksamkeit etablierter Parteien auf programmatische oder personelle Missstände zu lenken.

Der *Nichtwähler* ist schließlich aus soziologischer Perspektive vorrangig durch soziale Exklusion und Isolation zu erklären: Dem gesellschaftlichen Abstieg (z.B. durch Arbeitslosigkeit oder Statusverlust) folgt das Gefühl politischer Ohnmacht und der Rückzug ins Private. Sozialpsychologisch lässt sich die Nichtwahl vor allem als nachhaltiger Vertrauensverlust in Politik und Politiker erklären, denen keine Lösungskompetenzen mehr zugebilligt werden. Aus Sicht des Rational-Choice-Ansatzes ist die Enthaltung grundsätzlich ein Ausdruck dafür, dass andere Themen als die Politik einen größeren Stellenwert im Leben besitzen. Angesichts der zahlenmäßigen Bedeutungslosigkeit der einzelnen Stimme steht der Urnengang aus dieser Perspektive ohnehin stets in Frage. Im soziologischen oder psychologischen Modell ist die Wahlteilnahme entweder durch Tradition, Konvention oder Bindung an die jeweilige Partei erklärbar. Im Modell des rationalen Wählers müsste das Wählen in einer Demokratie eine Art Wert an sich sein, die Einsicht, dass es vorteilhaft ist, in einer Demokratie zu leben.

Zukunft der Wahlen

Weder Demokratien noch Wahlen sind eine Selbstverständlichkeit. Sie leben von der Überzeugung der Bürger, dass auf diese Weise die politischen Angelegenheiten – im Vergleich zu den Alternativen – am besten geregelt werden. Bekannt ist der Spruch von Winston Churchill: Die Demokratie sei eine schlechte Regierungsform, aber er kenne keine bessere. Dieser Satz liest sich auf den ersten Blick nicht wie eine Liebeserklärung zur Demokratie. Die Pointe Churchills aber besteht darin, dass die Demokratie mit Kritik und Unzufriedenheit leben kann, in gewisser Weise sogar von ihr lebt. Das Wechselspiel von Mehrheit und Minderheit lässt sich als eine Art friedliche Machttransformation begreifen, bei der die Unzufriedenen beweisen können (und müssen), dass sie es besser können (andernfalls werden sie wieder abgewählt).

Eine zentrale Voraussetzung für ein solches demokratisches Wechselspiel von Mehrheit und Minderheit besteht in der Offenheit der Repräsentanten gegenüber den Interessen und Zielen der Bürger. Verfestigt sich das Gefühl, von einer politischen Kaste regiert zu werden („die da oben und wir hier unten"), verlieren Wahlen ihren demokratischen Sinn. Einer solchen Gefahr unterliegt jede Demokratie, die unter den Bedingungen der Massengesellschaft auf politische Parteien und Berufspolitiker angewiesen ist. Daher ist es sinnvoll, sich immer wieder mit den Alternativen zur Wahl und/oder den bisherigen Formen der Wahl zu beschäftigen. Diesem Ziel dient die abschließende kurze Skizze.

Direktdemokratische Verfahren

Die direkte Demokratie als Alternative zur repräsentativen Demokratie ist bereits im ersten Kapitel angesprochen worden. Hier geht es um direktdemokratische Verfahren als Ergänzung zur demokratischen Legitimationskette. In einem gehaltvollen Sinne sind darunter nicht nur und nicht einmal in erster Linie Direktwahlen einzelner Amts- und Mandatsinhaber (z.B. Direktwahl des Bundespräsidenten, Direktwahl von Landräten und Bürgermeistern) zu verstehen, sondern vor allem die direkte Beteiligung der Bürger an Sachentscheidungen. In Deutschland existieren eine Vielzahl solcher Verfahren, etwa in Form von Bürgerbefragungen (z.B. in der

Stadt Jena zur Art der Neugestaltung eines Freibades), Bürgerversammlungen, Bürgerhaushalte, Volksbegehren bis hin zu Volksentscheiden.

Mit direktdemokratischen Verfahren sollen vor allem zwei Ziele erreicht werden: Erstens sollen politische Entscheidungen „bürgernäher" werden, indem die Bürger beispielsweise in Bürgerversammlungen auf kommunaler Ebene oder über Volksbegehren in der Landespolitik Impulse aussenden und auf diese Weise die Abgeordneten (nebst Fraktionen und Parteien) zwingen, sich mit neuen Sachverhalten auseinanderzusetzen. Zweitens bieten direktdemokratische Verfahren eine Chance zur Beteiligung (Partizipation), und zwar auch solcher Bürger, die sich zuvor von der Politik ferngehalten haben.

Die Grenzen direktdemokratischer Verfahren liegen in der Komplexität politischer Entscheidungen. Nicht immer lassen sich politische Themen isoliert betrachten und für sich abstimmen. In den meisten Fällen bestehen zahlreiche Abhängigkeiten, die über die Expertise in Sachfragen hinaus auch Kompetenzen in ökonomischer und rechtlicher Hinsicht verlangen. Sich in solche Themen einzuarbeiten, verlangt Zeit und Engagement, die nicht bei jedermann selbstverständlich vorauszusetzen sind. Starke Organisationen sind hier im Vorteil, das kann zu Wettbewerbsverzerrungen im Kampf um Abstimmungsmehrheiten führen. Darüber hinaus sind weder die einzelnen engagierten Bürger noch die beteiligten Interessenverbände – anders als der Mandatsträger oder Amtsinhaber – auf das Allgemeinwohl verpflichtet; sie müssen sich auch keiner Wiederwahl stellen und auf diese Weise die Konsequenzen für ihre Entscheidungen tragen.

Liquid Democracy

Eine neue Form demokratischer Willensbildung fordert die konventionellen Formen politischer Repräsentation heraus – und stellt auf diese Weise auch die grundlegende Bedeutung von Wahlen in Frage. „Liquid Democracy" (dt. flüssige oder fluide Demokratie) will dem Bürger die Möglichkeit geben, in jeder Einzelfrage selbst zu entscheiden, ob er sein Stimmrecht selbst wahrnehmen möchte oder ob er dieses Stimmrecht an einen anderen delegiert. Das Ziel besteht darin, Elemente repräsentativer und direkter Demokratie zu verbinden und zugleich Mängel beider Verfahren zu beheben. Denn, so die These der Befürworter, repräsentative Demokratie sei nicht flexibel und entmündige den Bürger, direkte Mitbestimmung in allen Detailfragen überfordere hingegen viele Menschen. Es wird daher ein Verfahren geschaffen, in dem der Einzelne seine Stimme delegieren kann, aber nicht muss.

Ein kleines Beispiel mag das verdeutlichen: Ein Bürger A ist der Auffassung, dass er sich nicht in allen Politikfeldern auskennt, daher delegiert er sein Stimmrecht in der Mehrzahl der Fälle an seinen Freund X.

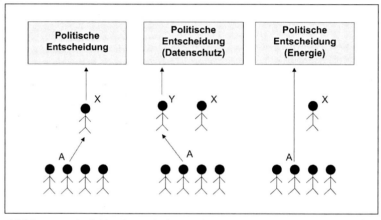

Abbildung 5: Beispiel für das Modell „Liquid Democracy"

In bestimmten Politikfeldern allerdings, z.B. in Fragen des Datenschutzes, vertritt X eine andere Meinung als unser Bürger A. A gibt sein Stimmrecht deshalb hier an seinen Studienkollegen Y, der sich im Datenschutz besonders auskennt. In wieder anderen Politikfeldern will A direkt mitentscheiden. So nimmt er beispielsweise in der Energiepolitik sein Stimmrecht selbst wahr. Entscheidend ist aber: A bleibt stets Herr seiner Stimme. Er kann sie delegieren – generell oder nur für bestimmte Entscheidungen; er kann sie sich überdies stets zurückholen und selbst direkt mitentscheiden. Es gibt also keine festen Repräsentanten mehr. Je nach politischem Thema agieren unterschiedliche politische Akteure.

Aktuell wird vor allem diskutiert, wie Liquid Democracy in der politischen Praxis umgesetzt werden kann. Ein Parlament in der bisherigen Form könnte es nicht mehr geben, da es auch keine festen

Repräsentanten mehr gibt. In aller Regel wird versucht, über elektronische Verfahren und das Internet Plattformen für diese Art der Demokratie zu schaffen. So testet die deutsche Piraten-Partei, die für die Liquid Democracy eintritt, eine Software für die innerparteiliche Umsetzung dieses neuen Ansatzes.

Liquid Democracy stößt allerdings auf vergleichbare Grenzen wie die Direkte Demokratie. Moderne Politik ist komplex; Sachfragen lassen sich nur selten isolieren. Wenn man nun die Entscheidungskompetenz unterschiedlich delegiert, wird es schwierig zu einer einheitlichen Politik zu gelangen. Ein Beispiel: Auf den ersten Blick scheint die Entscheidung über den Bau einer Straße einfach zu sein; eine Frage, die sich leicht mit „Ja oder Nein" beantworten lassen sollte. Typischerweise sind jedoch zusätzlich umwelt-, verkehrs- und wirtschaftspolitische Fragen zu berücksichtigen; und auch für die finanzielle Untersetzung dieses Projektes ist Sorge zu tragen. Aus diesem Grund dürfte die Übertragung des eigenen Stimmrechts eine hohe praktische Relevanz für das Gelingen der Liquid Democracy haben. Bereits die Frage jedoch, welcher Repräsentant geeignet ist, die eigene Position zu vertreten, wird für die meisten Bürger eine echte Herausforderung darstellen. Die Freiheit, die dieses Instrument gibt, ist auch Bürde, die zudem nach einem verantwortlichen Umgang verlangt, weil es andernfalls schnell zu Störungen im politischen Wettbewerb kommen kann.

Noch grundsätzlicher ist zu fragen, ob Liquid Democracy nicht das Fundament unserer demokratischen Ordnung untergräbt. Wahlen legitimieren und limitieren politische Macht. Liquid Democracy kennt hingegen keine Macht, die es zu legitimieren gilt. Sie gibt dem Einzelnen weitgehenden Einfluss auf den politischen Prozess, schafft aber keinen kollektiven Akteur, der getragen von der Zustimmung der Mehrheit der Bürgerinnen und Bürger das Zusammenleben organisieren will und kann. Politik droht dadurch ihren gesamtgesellschaftlichen Bezug zu verlieren; sie reduziert sich auf Prozesse individueller Partizipation. Es ist sehr wohl vorstellbar, dass Liquid Democracy Wahlen ergänzen und Bürgern mehr Einflussmöglichkeiten geben, sie kann sie aber nicht ersetzen, ohne den Zusammenhang von allgemein-verbindlichen Entscheidungen und öffentlicher Verantwortung aufzulösen.

E-Voting

Die Entwicklung der modernen Informationstechnologien stellt die Politik vor neue Herausforderungen. Das Web 2.0 bietet seinen Nutzern vielfältige Möglichkeiten, auf einfache Weise an politischen Diskussionen und Prozessen teilzuhaben. Ob Internetforen, soziale Netzwerke, Twitter oder E-mail, die Zahl moderner Kommunikationsmöglichkeiten steigt ständig an. Kommunen und andere Körperschaften nutzen das Internet als Plattform, um die Bürger an Diskussionen zu beteiligen, ihre Meinungen einzuholen oder teilweise sogar in Einzelfragen mitentscheiden zu lassen.

In jüngerer Zeit wird zunehmend diskutiert, ob die moderne Technik in Zukunft nicht auch die klassische Wahlkabine ersetzen oder zumindest ergänzen könnte. Wahlen über das Internet könnten die rechnergestützten Auswertungen erleichtern und schnellere (End-) Ergebnisse bringen. Befürworter solcher Techniken erhoffen sich darüber hinaus eine erhöhte Wahlbeteiligung, da die Stimmabgabe am heimischen PC erfolgen könnte und der Weg ins nächste Wahllokal für den Wähler entfiele. Die technischen Voraussetzungen scheinen nach Expertenmeinung in absehbarer Zeit vorhanden zu sein, um erstens Wahlbetrug ausschließen zu können (z.B. mehrfache Stimmabgabe) oder um zweitens die Gefahr des gläsernen Wählers zu bannen, dessen Stimmabgabe sich durch staatliche Kontrolle zurückverfolgen ließe.

Die eigentlichen Probleme liegen woanders: E-voting fördert eine Privatisierung der Wahl. Das ist in zweifacher Weise bedenklich: Erstens droht der Grundsatz der geheimen Wahl unterlaufen zu werden. Die Gefahr der Manipulation wächst, wenn die Stimme nicht mehr in der Wahlkabine abgeben wird, sondern in den eigenen vier Wänden (etwa wenn der eine Ehepartner die Stimmabgabe des anderen „überwacht"). Zweitens richtet sich der Gedanke der Volkssouveränität an die Allgemeinheit des Volkes, d.h. an alle, nicht an alle einzelnen. Diese Allgemeinheit gewinnt ihre Präsenz nur durch eine Art „Wir-Bewusstsein" im Akt des Wählens. Weil das Volk gewählt hat, erwarten wir von jedem Bürger, dass er sich an die demokratischen Spielregeln hält und sich dem Mehrheitswillen unterwirft. Als Wähler ist der Einzelne Allgemeinbürger, der an der gemeinsamen Sache demokratischer Machtzuweisung teilhat; zu Hause ist der Einzelne Privatmensch, der im Schutze seiner Privatsphäre ungestört den eigenen Angelegenheiten nachgehen kann.

Diese Unterscheidung wird durch das Wählen in den eigenen vier Wänden aufgehoben. Ein ähnliches Problem stellt sich auch bei der Briefwahl, sobald sie zur Regel wird und nicht mehr als berechtigte (und dann zu begründende) Ausnahme dient.

Losverfahren

In den letzten Jahren wird verstärkt über den Einsatz des Losverfahrens als Alternative zu Wahlen nachgedacht. In der Antike galt das Los noch als das eigentlich demokratische Element, die Wahl hingegen als aristokratische Praxis. Auch in modernen Gesellschaften ist das Los verschiedentlich anzutreffen: So entscheidet der jeweilige Wahlleiter per Los, wenn zwei Kandidaten exakt die gleiche Stimmenzahl erhalten. Im angelsächsischen Raum werden die Geschworenen in Strafprozessen auf diese Weise bestimmt. Allgemein betrachtet, lassen sich dem Losverfahren drei Funktionen zuschreiben: Es kann erstens Entscheidungsblockaden bei Stimmengleichheit aufheben; das Los kann zweitens als Druckmittel zur Kompromissbildung dienen, indem für Verhandlungen nach einer bestimmten Frist ein Losentscheid festgesetzt wird; per Los lassen sich drittens Gruppen von Bürgern auswählen, die die Auseinandersetzung mit gewählten Repräsentanten stimulieren oder moderieren könnten. Seit einiger Zeit mehren sich die Erfahrungen mit zufällig ausgewählten Bürgerforen oder Konventen – auch in Deutschland.

Ein aktuelles internationales Beispiel ist das „Treffen der Nation" (*Þjóðfundur*), das in Island im November 2009 erstmalig stattfand. Zu diesem Treffen wurden insgesamt 1200 Bürger aus dem nationalen Melderegister ausgelost sowie zusätzlich 300 Vertreter gesellschaftlicher Gruppen eingeladen. Ziel des Treffens war, eine gesamtgesellschaftliche Diskussion über die zentralen Herausforderungen und Aufgaben des Landes anzustoßen, und zwar vor dem Hintergrund der Wirtschaftskrise, die das einwohnerarme Land in besonderem Maße getroffen hat. Solche und ähnliche Veranstaltungen zeigen die Möglichkeiten, das Losverfahren als ein Instrument zur Revitalisierung demokratischer Beteiligung einzusetzen. Es kann vorhandene Verfahren der politischen Willensbildung vor allem durch die folgenden drei (potentiellen) Wirkungsweisen bereichern:

- Das Losverfahren sorgt für eine *direkte* Repräsentation des Volkswillens, da alle Meinungen grundsätzlich vertreten sind und nicht durch die Parteien und Interessenverbände „gefiltert" werden.
- Es stärkt den Grundsatz *gleicher* Repräsentation, da prinzipiell jeder Bürger die gleiche Chance zur Teilnahme und Auswahl besitzt.
- Bestehende Ungleichheiten in den verschiedenen Repräsentativsystemen (Unterrepräsentation von Frauen, Minderheiten und Älteren usw.) lassen sich durch Losverfahren *ausgleichen*.

Es ist weder zu erwarten noch anzustreben, dass das Los die Wahl ablösen wird. Ähnlich wie im Falle direktdemokratischer Elemente bietet es jedoch eine Möglichkeit der Ergänzung und Stärkung etablierter Verfahren innerhalb der repräsentativen Demokratie. Das Los erinnert an den Ursprung der demokratischen Idee: die Gleichheit der Bürger, die über die Kunst verfügen müssen, zu regieren und regiert zu werden. Die Wahl ist hingegen eine Auswahl, bei der unterschiedliche Qualitäten in einem Wettbewerb auf dem Prüfstand stehen. Nicht der Zufall, sondern die Fähigkeiten sollen den Ausschlag geben. Das setzt einerseits Bewerber voraus, die sich aktiv um ihre Wahl bemühen; das setzt andererseits politisches Urteilsvermögen der Wählenden voraus. Davon leben Demokratien – je länger, desto besser.

Anhang

Ausgewählte Wahlergebnisse und Übersichten zum deutschen Wahlrecht

Tabelle 32: Bundestagswahlergebnisse						
	Union	SPD	FDP	Grüne	Linke	Sonstige	Regierung zu Beginn der Legislatur
1949	31,0	29,2	11,9	—	—	27,9	CDU, CSU, FDP, DP
1953	45,2	28,8	9,5	—	—	16,5	CDU, CSU, FDP, DP, BHE
1957	50,2	31,8	7,7	—	—	10,3	CDU, CSU, DP
1961	45,3	36,2	12,8	—	—	5,7	CDU, CSU, FDP
1965	47,6	39,3	9,5	—	—	3,6	CDU, CSU, FDP
1969	46,1	42,7	5,8	—	—	5,4	SPD, FDP
1972	44,9	45,8	8,4	—	—	0,9	SPD, FDP
1976	48,6	42,6	7,9	—	—	0,9	SPD, FDP
1980	44,5	42,9	10,6	1,5	—	0,5	SPD, FDP
1983	48,8	38,2	6,9	5,6	—	0,5	CDU, CSU, FDP
1987	44,3	37,0	9,1	8,3	—	1,3	CDU, CSU, FDP
1990	43,8	33,5	11,0	5,0*	2,4	4,3	CDU, CSU, FDP
1994	41,5	36,4	6,9	7,3	4,4	3,5	CDU, CSU, FDP
1998	35,1	40,9	6,2	6,7	5,1	6,0	SPD, Grüne
2002	38,5	38,5	7,4	8,6	4,0	3,0	SPD, Grüne
2005	35,2	34,2	9,8	8,1	8,7	4,0	CDU, CSU, SPD
2009	33,8	23,0	14,6	10,7	11,9	6,0	CDU, CSU, FDP

Tabelle 33: Überhangmandate bei Bundestagswahlen ab 1949

Wahljahr	Überhang-mandate	Überhangmandate pro Bundesland		Partei
1949	2	Baden	1	CDU
		Bremen	1	SPD
1953	3	Schleswig-Holstein	2	CDU
		Hamburg	1	DP
1957	3	Schleswig-Holstein	3	CDU
1961	5	Schleswig-Holstein	4	CDU
		Saarland	1	CDU
1965 – 1976	0	—	—	—
1980	1	Schleswig-Holstein	1	SPD
1983	2	Bremen	1	SPD
		Hamburg	1	SPD
1987	1	Baden-Württemberg	1	CDU
1990	6	Sachsen-Anhalt	3	CDU
		Mecklenburg-Vorpommern	2	CDU
		Thüringen	1	CDU
1994	16	Sachsen	3	CDU
		Thüringen	3	CDU
		Baden-Württemberg	2	CDU
		Mecklenburg-Vorpommern	2	CDU
		Sachsen-Anhalt	2	CDU
		Brandenburg	3	SPD
		Bremen	1	SPD
1998	13	Sachsen-Anhalt	4	SPD
		Thüringen	3	SPD
		Bremen	3	SPD
		Mecklenburg-Vorpommern	2	SPD
		Hamburg	1	SPD
2002	5	Sachsen	1	CDU
		Hamburg	1	SPD
		Sachsen-Anhalt	2	SPD
		Thüringen	1	SPD
2005	16	Baden-Württemberg	3	CDU
		Sachsen	4	CDU
		Hamburg	1	SPD
		Brandenburg	3	SPD
		Saarland	1	SPD
		Sachsen-Anhalt	4	SPD

2009	24	Baden-Württemberg	10	CDU
		Mecklenburg-Vorpommern	2	CDU
		Rheinland-Pfalz	2	CDU
		Saarland	1	CDU
		Sachsen	4	CDU
		Schleswig-Holstein	1	CDU
		Thüringen	1	CDU
		Bayern	3	CSU

Tabelle 34: Entwicklung des Wahlrechts zu den Bundestagswahlen

Jahr	1949	1953	1956	1985	1990	1994	1998	2009
Ratio Direkt-/ Listenmandate	60/40	50/50*	50/50	50/50	50/50	50/50	50/50	50/50
Zahl der Stimmen	1	2	2	2	2	2	2	2
5%-Klausel	Land	Bund	Bund	Bund	ABL/ NBL	Bund	Bund	Bund
Geforderte Direktmandate	1	1	3	3	3	3	3	3
Ebene der Verrechnung	Land	Land	Bund	Bund	Bund	Bund	Bund	Bund
Verrechnung	d'Hondt	d'Hondt	d'Hondt	Hare/ Niemeyer	Hare/ Niemeyer	Hare/ Niemeyer	Hare/ Niemeyer	S.-Laguë/ Schepers

*Die kursivierten Angaben zeigen an, wann die gegenwärtig gültigen Bestandteile des Wahlsystems eingeführt worden sind.

	Sitze	CDU	SPD	FDP	Grüne	Linke	Sonst.	Landesregierung
Baden-Württemberg	138	60	35	7	36	—	—	Grüne, SPD
Bayern	187	92*	39	16	19	—	21	CSU, FDP
Berlin	149	39	47	—	29	19	15	SPD, CDU
Brandenburg	88	19	31	7	5	26	—	SPD, Linke
Bremen	83	20	36	—	21	5	1	SPD, Grüne
Hamburg	121	28	62	9	14	8	—	SPD
Hessen	118	46	29	20	17	6	—	CDU, FDP
Mecklenburg-Vorp.	71	18	27	—	7	14	5	SPD, CDU
Niedersachsen	137	54	49	14	20	—	—	SPD, Grüne
Nordrhein-Westfalen	237	67	99	22	29	—	20	SPD, Grüne
Rheinland-Pfalz	101	41	42	—	18	—	—	SPD, Grüne
Saarland	51	19	17	—	2	9	4	CDU, SPD
Sachsen	132	58	14	14	9	29	8	CDU, FDP
Sachsen-Anhalt	105	41	26	—	9	29	—	CDU, SPD
Schleswig-Holstein	69	22	22	6	10	—	9	SPD, Grüne, SSW
Thüringen	88	30	18	7	6	27	—	CDU, SPD

Tabelle 35: Stärke der Parteien in den deutschen Landesparlamenten

*CSU in Bayern. Anmerkungen: Angegeben ist die Zahl der Parlamentsmandate pro Partei nach der letzten Landtagswahl. Sonstige umfassen in Bayern: FW; in Berlin: Piraten; in Bremen: Bürger in Wut; in Mecklenburg-Vorpommern: NPD; in NRW: Piraten; im Saarland: Piraten; in Sachsen: NPD; in Schleswig-Holstein: SSW (3) und Piraten (6).

Tabelle 36: Wahlrecht der Landtage

Bundesland	DM/LM	AM	Wahl-system	Stim-men	Lis-ten	Verfahren	Sperr-klausel
Baden-Württemberg Landtag: 5 Jahre Sitze: 120	70/50	ja*	PV	1	WKK	S.-Laguë	5%
Bayern Landtag: 5 Jahre Sitze: 180	92/88	ja*	PV	2	LgL	Hare/N.	5%
Berlin Abgeordneten-haus: 5 Jahre Sitze: 130	78/52	ja	PV	2	SL	Hare/N.	5%, 1 DM
Brandenburg Landtag: 5 Jahre Sitze: 88	44/44	ja	PV	2	SL	Hare/N.	5%, 1 DM
Bremen Bürgerschaft: 4 Jahre Sitze 83	nur LM	nein	VoL	5	OL	S.-Laguë	**5%
Hamburg Bürgerschaft: 4 Jahre Sitze: 121	71/50	ja	VoL	10	OL	S.-Laguë	5%
Hessen Landtag: 5 Jahre Sitze: 110	55/55	ja	PV	2	SL	Hare/N.	5%
Mecklenburg-Vorpommern Landtag: 5 Jahre Sitze: 71	36/35	ja	PV	2	SL	Hare/N.	5%
Niedersachsen Landtag: 5 Jahre Sitze: 135	87/58	ja	PV	2	SL	d´Hondt	5%
Nordrhein-Westfalen Landtag: 5 Jahre Sitze: 181	128/53	ja	PV	2	SL	S.-Laguë	5 %
Rheinland-Pfalz Landtag: 5 Jahre Sitze: 101	51/50	ja	PV	2	SL	S.-Laguë	5%
Saarland Landtag: 5 Jahre Sitze: 51	nur LM; 3WK	nein	V	1	SL	d´Hondt	5%
Sachsen Landtag: 5 Jahre Sitze: 120	60/60	ja	PV	2	SL	d´Hondt	5%, 2DM

Tabelle 36: Wahlrecht der Landtage (Fortsetzung)

Bundesland	DM/LM	AM	Wahl-system	Stim-men	Lis-ten	Verfahren	Sperr-klausel
Sachsen-Anhalt Landtag: 5 Jahre Sitze: 91	45/46	ja	PV	2	SL	Hare/N.	5%
Schleswig-Holstein Landtag: 5 Jahre Sitze: 69	35/34	ja	PV	2	SL	S.-Laguë	***5%, 1DM
Thüringen Landtag: 5 Jahre Sitze: 88	44/44	ja	PV	2	SL	Hare/N.	5%

*Verrechnung auf Regierungsbezirksebene. **Getrennt nach Bremen und Bremerhaven. ***Ausnahme SSW.
Legende: AM = Ausgleichsmandat; DM = Direktmandat; LM = Listenmandat; LgL = lose gebundene Listen; OL = offene Listen; SL = starre Listen; V = Verhältniswahl; PV = personalisierte Verhältniswahl; VoL = Verhältniswahl mit offenen Listen; WK = Wahlkreis; WKK = Wahlkreiskandidaten.

Tabelle 37: Veränderung der Sitzverteilung im Europaparlament

Mitgliedstaaten	Aktuelle Sitzvertei-lung (Stand 2013)	Vorgeschlagene Sitzverteilung	Differenz
Deutschland	99*	96	-3
Frankreich	74	74	=
Großbritannien	73	73	=
Italien	73	73	=
Spanien	54	54	=
Polen	51	51	=
Rumänien	33	32	-1
Niederlande	26	26	=
Griechenland	22	21	-1
Belgien	22	21	-1
Portugal	22	21	-1
Tschechische Republik	22	21	-1
Ungarn	22	21	-1
Schweden	20	20	=
Österreich	19	18	-1
Bulgarien	18	17	-1
Dänemark	13	13	=
Slowakei	13	13	=
Finnland	13	13	=
Irland	12	11	-1
Kroatien	12	11	-1
Litauen	12	11	-1
Slowenien	8	8	=
Lettland	9	8	-1
Estland	6	6	=
Zypern	6	6	=
Luxemburg	6	6	=
Malta	6	6	=
TOTAL	**766**	**751**	**-15**

*Die drei Sitze für Deutschland waren Teil einer Übergangsregelung, die zum Ende der derzeitigen Wahlperiode ausläuft.

Tabelle 38: Ergebnisse der Europawahlen in Deutschland ab 1979							
Jahr	CDU	CSU	SPD	FDP	Grüne	Linke	Sonstige
1979	39,1	10,1	40,8	6,0	3,2	—	0,8
1984	37,5	8,5	37,4	4,8	8,2	—	3,7
1989	29,5	8,2	37,3	5,6	8,4	—	11,0*
1994	32,0	6,8	32,2	4,1	10,1	4,7	10,1
1999	39,3	9,4	30,7	3,0	6,4	5,8	5,4
2004	36,5	8,0	21,5	6,1	11,9	6,1	9,9
2009	30,7	7,2	20,8	11,0	12,1	7,5	10,7

*Davon: Republikaner 7,1%.

Beispielrechnung für das „negative Stimmgewicht"

Die Problematik des sogenannten negativen Stimmgewichts versteckt sich in den Berechnungsverfahren der Sitzzahl und Sitzverteilung. Daher ist es sinnvoll, zum Zwecke der Veranschaulichung auf vereinfachte Beispiele zurückzugreifen. In diesem Sinne wird im Folgenden die Sitzberechnung für eine Partei nach dem Wahlrecht bei der Bundestagswahl 2009 dargestellt; die Modellrechnungen beschränken sich der Einfachheit auf zwei Bundesländer (A und B):

Modell-1
- Angenommen, dass Partei X bei der Wahl mit insgesamt 7.176.000 gültigen Stimmen 300.000 Zweitstimmenerlangt hätte. Diese Stimmen verteilen sich auf Bundesland A mit 185.000 Stimmen und auf Bundesland B mit 115.000 Stimmen.
- Bei einer Gesamtsitzzahl von 598 Sitzen entfallen damit auf Partei X aufgrund ihres Zweitstimmenergebnisses 25 Sitze (598 Sitze * 300.000 Stimmen / 7.176.000 Stimmen = 25 Sitze)
- Auf Land A entfallen 15 Sitze (Quotient: 15,42) und auf Land B 10 Sitze (Quotient: 9,58).
- Weiterhin angenommen, dass Partei X nach den Ergebnissen der Erststimmen in den Wahlkreisen im Land A acht Direktmandate und im Land B zehn Direktmandate, zusammen also 18 Direktmandate gewinnen konnte.
- Im Bundesland B entspricht die Zahl der zugeteilten Sitze der Zahl der gewonnenen Wahlkreise. Im Land A – dort hat Partei X lediglich acht Wahlkreise direkt gewonnen – würden sieben Sitze durch Kandidaten der Landesliste besetzt werden.

Modell-2
- Angenommen, Partei X hätte in Land B 5.000 Zweitstimmen weniger gewonnen, während die restliche Stimmenverteilung identisch ist: Partei X hätte also in Land B 110.000 Stimmen und im Bund 295.000 Stimmen bei 7.171.000 Stimmen insgesamt erhalten.
- Die Sitzzahl bleibt trotz der verringerten Zweitstimmenzahl gleich (Quotient: 24,60). Der relevante Unterschied zeigt sich mit Blick auf die Verteilung zwischen den Ländern. Aufgrund der Verschiebung der Stimmenanteile entfielen auf Land A weiter

15 Sitze (15,43), aber auf Land B nur noch 9 Sitze (9,17). Der 25. Sitz würde auf Land A entfallen aufgrund der höheren Nachkommastelle.

- In Land A würden folglich die acht Wahlkreisgewinner plus acht Listenkandidaten in den Bundestag einziehen. In Land B bleibt es bei 10 Wahlkreissiegern. Da Partei X in Land B aber proportional nur 9 Sitze zustehen, würde die Partei hier ein Überhangmandat erhalten, so dass sich die Gesamtsitzzahl für Partei X auf 26 Sitze erhöhen würde.
- Und hier liegt das Problem des negativen Stimmgewichts. Die Partei X hätte einen zusätzlichen Sitz im Parlament erhalten, wenn sie in Bundesland B 5000 Wähler weniger für ihre Ziele überzeugt hätte.

Tabellarische Darstellung						
	Modell-1			Modell-2		
	Stimmen	Quotient*	Sitze	Stimmen	Quotient*	Sitze
Land A	185.000	15,42	15	185.000	15,43	16
Land B	115.000	9,58	10	110.000	9,17	9
Insgesamt	300.000	25,00	25	295.000	24,60	25

*Aus Gründen der Vereinfachung ist hier auf das Hare-Niemeyer-Verfahren zurückgegriffen worden.

	Modell-1			Modell-2		
	Sitze der Landesliste	Direktmandate	Sitze (Ergebnis)	Sitze der Landesliste	Direktmandate	Sitze (Ergebnis)
Land A	15	8	15	15+1	8	16
Land B	10	10	10	9	10	10 (1*)
Insgesamt	25	18	25	25	18	26 (1*)

*Überhangmandate.

Weiterführende Literatur

Kapitel: Wahlen in der Demokratie

Albers, Hans: Onlinewahlkampf 2009, in: APuZ 51/2009, S. 33-38 (online: http://www.bpb.de/system/files/pdf/4MYEMF.pdf)

Bundeszentrale für politische Bildung (Hrsg.): Demokratie und Beteiligung, APuZ 44-45/2011 (online: www.bpb.de/system/files/pdf/7FN5F7.pdf)

Deutscher Bundestag – Verwaltung: Die deutsche Parteienfinanzierung, Berlin 2012 (online: http://www.bundestag.de/bundestag/aufgaben/weitereaufgaben/parteienfinanzierung/index.html)

Ismayr, Wolfgang: Der Deutsche Bundestag, (Schriftenreihe der Bundeszentrale für politische Bildung, Band 1333), Bonn 2013

Kielmansegg, Peter: Volkssouveränität: eine Untersuchung der Bedingungen demokratischer Legitimität, Stuttgart 1994

Lasch, Sebastian: Der Wille des Volkes (Landeszentrale für politische Bildung Thüringen), Erfurt 2006

Lembcke, Oliver; Ritzi, Claudia/Schaal, Gary (Hrsg.): Zeitgenössische Demokratietheorie. Bd. 1: Normative Demokratietheorien. Wiesbaden 2012

Maus, Ingeborg: Über Volkssouveränität: Elemente einer Demokratietheorie, Berlin 2011

Schweitzer, Eva Johanna (Hrsg.):, Das Internet im Wahlkampf: Analysen zur Bundestagswahl 2009, Wiesbaden 2011

Unger, Simone: Parteien und Politiker in sozialen Netzwerken: moderne Wahlkampfkommunikation bei der Bundestagswahl 2009, Wiesbaden 2012

Kapitel: Geschichte des Wahlrechts

Buchstein, Hubertus: Öffentliche und geheime Stimmabgabe. Eine wahlrechtshistorische und ideengeschichtliche Studie, Baden-Baden 2000

Europäische Union (Hrsg.): Handbook for European Union Election Observation 2008 (online: http://eeas.europa.eu/eueom/pdf/handbook-eueom-en-2nd-edition_en.pdf)

Office for Democratic Institutions and Human Rights (ODIHR) (Hrsg.), Election Observation Handbook, 6. Aufl., Warschau 2010 (online: http://www.osce.org/odihr/elections/68439)

Storm, Monika: Erste Wahl? Erste Wahl! 90 Jahre Frauenwahlrecht in Deutschland, Mainz 2009

Wild, Michael: Die Gleichheit der Wahl: Dogmengeschichtliche und systematische Darstellung, Berlin 2003

Kapitel: Elemente der Wahlsysteme

Behnke, Joachim: Das Wahlsystem der Bundesrepublik Deutschland: Logik, Technik und Praxis der Verhältniswahl, Baden-Baden 2007

Jesse, Eckard: Reformvorschläge zur Änderung des Wahlrechts, in: APuZ 52/2003, S. 3-11. (online: http://www.bpb.de/system/files/pdf/SI17LE.pdf)

Musgrove, Philip: The General Theory of Gerrymandering, Beverly Hills u.a. 1977

Nohlen, Dieter: Wahlrecht und Parteiensystem: zur Theorie und Empirie der Wahlsysteme, 6. Aufl., Opladen u.a. 2009

Strohmeier, Gerd (Hrsg.): Wahlsystemreform (Sonderheft der ZPol 2009), Baden-Baden 2009

Bundeszentrale für politische Bildung (Hrsg.): Parlamentarismus, APuZ 04/2011 (online: www.bpb.de/system/files/pdf/8R9IXV.pdf)

Kapitel: Wahlen in Deutschland

Korte, Karl-Rudolf: Wahlen in Deutschland, 8. Aufl. (Bundeszentrale für politische Bildung), Bonn 2013

Rudzio, Wolfgang: Das politische System der Bundesrepublik Deutschland, 8. Aufl., Wiesbaden 2011

Schmidt, Manfred G.: Das politische System der Bundesrepublik Deutschland, 2. Aufl.(Schriftenreihe der Bundeszentrale für politische Bildung, Band 1150), Bonn 2011

Völkl, Kerstin u.a. (Hrsg.): Wähler und Landtagswahlen in der Bundesrepublik Deutschland, Baden-Baden 2008

Beyme, Klaus von: Das politische System der Bundesrepublik Deutschland: Eine Einführung, 11. Aufl., Wiesbaden 2010

Kapitel: Europäische Wahlsysteme

Colomer, Josep Maria; Handbook of electoral system choice, Basingstoke u.a. 2004

Ismayr, Wolfgang: Die politischen Systeme Osteuropas, 3. Aufl., Wiesbaden 2010

Ismayr, Wolfgang: Die politischen Systeme Westeuropas, 4. Aufl., Wiesbaden 2009

Nohlen, Dieter: Wahlrecht und Parteiensystem: zur Theorie und Empirie der Wahlsysteme, 6. Aufl., Opladen u.a. 2009

Nohlen, Dieter: Wahlsysteme der Welt: Daten und Analysen. Ein Handbuch, München u.a. 1979

Stüwe, Klaus (Hrsg.): Die politischen Systeme in Nord- und Lateinamerika: eine Einführung, (Schriftenreihe der Bundeszentrale für politische Bildung, Band 1101), Wiesbaden 2010

Kapitel: Wahlen zum Europäischen Parlament

Bundeszentrale für politische Bildung (Hrsg.): Europawahlen, APuZ 23-24/2009. (online: http:// www.bpb.de/system/files/pdf/ 5Q3JL0.pdf)

Bundeszentrale für politische Bildung (Hrsg.): Die Europäische Union, Informationen zur politischen Bildung Heft 279, Bonn 2012. (online: www.bpb.de/system/files/dokument_pdf/ Euro_barrierefrei_2.pdf)

Cini, Michelle (Hrsg.): European Union Politics, Oxford 2013 (speziell zum EU-Parlament: Charlotte Burns, The European Parliament, S. 159-171)

Hix, Simon, Høyland, Bjørn: The political system of the European Union, 4. Aufl., Palgrave Macmillan 2011

Mittag, Jürgen (Hrsg.): 30 Jahre Direktwahlen zum Europäischen Parlament: (1979 - 2009). Europawahlen und EP in der Analyse, Baden-Baden 2011

Slominski, Peter, Pollak, Johannes, Das Politische System der EU, 2. Aufl., Wien 2012

Weidenfeld, Werner: Die Europäische Union, Paderborn 2013

Wessels, Wolfgang: Das politische System der Europäischen Union, Wiesbaden 2008

Kapitel: Wahlen und Parteiensysteme

Baedermann, Tim: Der Einfluss des Wahlrechts auf das Parteiensystem, Baden-Baden 2006

Bürklin, Wilhelm, Klein, Markus, Wahlen und Wählerverhalten. Eine Einführung, Opladen 1998

Holtmann, Everhard: Der Parteienstaat in Deutschland: Erklärungen, Entwicklungen, Erscheinungsbilder (Schriftenreihe der Bundeszentrale für politische Bildung, Band 1289), Bonn 2012

Lipset, Seymour M., Rokkan, Stein, Party Systems and Voter Alignments, New York/London 1967

Rokkan, Stein: Staat, Nation und Demokratie in Europa: die Theorie Stein Rokkans aus seinen gesammelten Werken (hrsg. und eingel. von Peter Flora), Frankfurt a.M. 2000

Kapitel: Wahlen und Wahltheorien

Campbell, Angus: The American Voter, New York u.a. 1960

Downs, Anthony: Ökonomische Theorie der Demokratie, Tübingen 1968

Falter, Jürgen W., Schoen, Harald (Hrsg.): Handbuch Wahlforschung, Wiesbaden 2005

Lazarsfeld, Paul F., Berelson, Bernard, Gandet, Hazel: The People's Choice. How the Voter Makes up his Mind in a Presidential Campaign, London/New York 1968

Pappi, Franz Urban, Shikano, Susumu: Wahl- und Wählerforschung, Baden-Baden 2007

Roth, Dieter: Empirische Wahlforschung, 2. Aufl., Wiesbaden 2008

Weßels, Bernhard (Hrsg.): Wahlen und Wähler: Analysen aus Anlass der Bundestagswahl 2009, Wiesbaden 2013

Glantz, Alexander: Wahlentscheidungen auf der Spur: der Einfluss individueller und situativer Faktoren auf Entscheidungsstrategien, Wiesbaden 2011

Gabriel, Oscar W., Westle, Bettina: Wählerverhalten in der Demokratie: eine Einführung, Baden-Baden 2012

Kapitel: Zukunft der Wahlen

Alvarez, R. Michael, Hall, Thad E.: Electronic Elections. The Perils and Promises of Digital Democracy, Princeton (NJ) u.a. 2008

Buchstein, Hubertus: Demokratie und Lotterie, Das Los als politisches Entscheidungsinstrument von der Antike bis zur EU, Frankfurt a.M./New York 2009

Bundeszentrale für politische Bildung (Hrsg.): Direkte Demokratie, APuZ 10/2006

Kost, Andreas: Direkte Demokratie in den deutschen Ländern, Wiesbaden 2005

Qvortrup, Matt: The Politics of Participation: From Athens to E-Democracy, Manchester u.a. 2007

Bundeszentrale für politische Bildung (Hrsg.): Digitale Demokratie, APuZ 07/2012. (online: www.bpb.de/system/files/pdf/ G89LL0.pdf)

Höffe, Otfried: Ist die Demokratie zukunftsfähig? (Schriftenreihe der Bundeszentrale für politische Bildung, Band 779), Bonn 2009

Linksammlung

http://www.abgeordnetenwatch.de – dient der Kommunikation und Transparenz im Verhältnis von Bürgerinnen und Bürgern gegenüber den Abgeordneten.

http://www.bpb.de – Informationen der Bundeszentrale für politische Bildung, darunter auch der Wahl-o-mat.

http://www.bundestag.de – Seite des Deutschen Bundestages mit Informationen zu den Bundestagswahlen, zur Parteienfinanzierung, Abgeordneten und Fraktionen.

http://www.bundeswahlleiter.de – Die Seite des Bundeswahlleiters bietet die Möglichkeit, aktuelle und vergangene Wahlergebnisse der Bundestags- und Europawahlen zu recherchieren. Zusätzlich gibt es Informationen zum Wahlrecht, zur Wahlkreiseinteilung und zu den politischen Parteien sowie Linklisten, die unter anderem alle 16 Landeswahlleiter umfasst.
Ähnliche Angebote zu den weiteren dargestellten Ländern finden sich, teilweise auch in deutscher oder englischer Sprache unter:
http://www.interieur.gouv.fr/sections/a_votre_service/elections/resultats (Frankreich),
http://www.oireachtas.ie/ViewDoc.asp?DocId=1&CatID=71& m=s (Irland),

http://politiche.interno.it/ (Italien),

http://english.camera.it/cost_reg_funz/667/669/documentotesto.asp (Italien),

http://www.val.se/ (Schweden),

http://www.elecciones.mir.es/MIR/jsp/resultados/index.htm (Spanien),

http://www.electoralcommission.org.uk/ (Großbritannien)

http://www.wahlen.thueringen.de/WahlSeite.asp – Der Landeswahlleiter stellt Informationen zu den Landtags- und Kommunalwahlen sowie die thüringischen Ergebnisse der Europa- und Bundestagswahlen zur Verfügung.

http://www.electionguide.org – englischsprachiger Überblick über die Wahlen in aller Welt mit einem Newsletter und einer Kalenderfunktion für die anstehenden Wahlen

http://www.europarl.europa.eu – Internetpräsenz des Europäischen Parlamentes mit Informationen zu Aufgaben, Abgeordneten, Fraktionen und Wahlen.

http://www.europarl.europa.eu/meps/de/crosstable.html – Übersicht über die Europaabgeordneten nach Ländern und Fraktionen.

http://www.parties-and-elections.eu – englischsprachige Seite zu Wahlen und Parteien in Europa mit einer großen Linkliste zu weiteren vor allem englischsprachigen Seiten.

http://www.sinus-sociovision.de – Seite des Sinus-Institutes, Modell der sozialen Milieus (siehe das Kapitel über Wahltheorien)

http://stat.tagesschau.de/wahlen/2009-09-27-BT-DE/ – Hier präsentiert die ARD in Verbindung mit infratest-dimap Analysen und Hintergründe zur Bundestagswahl 2009. Über das Wahlarchiv können ähnliche Informationen für weitere Wahlen auf Bundes- und Landesebene abgerufen werden. Ein ähnliches Angebot ist auch auf http://www.heute.de zu finden.

http://www.wahlrecht.de – wahlrecht.de ist eine private Homepage, die sich dem Thema Wahlrecht und Wahlverfahren mit einem Schwerpunkt auf Deutschland gewidmet hat. Hier findet man aber auch Informationen zu den wichtigsten Wahlsystemen im Ausland sowie eine umfassende Linkliste zu privaten Anbietern und öffentlichen Institutionen. Ergänzt werden die Informationen durch das wohl größte deutsche Forum zum Thema Wahlen und Wahlrecht.